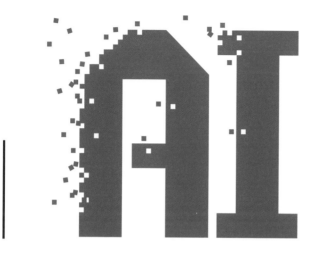

AI
투자 전쟁

반도체, AI, 로보틱스 시대, 누가 승자가 될 것인가

송종호 지음

한국경제신문

추천의 글

미래 기술에 대한 통찰력 넘치는
투자 지침서

정창원(노무라증권 아시아 리서치 대표)

저자와는 20년이 넘는 인연을 가지고 있습니다. 제가 대우증권에서 반도체 애널리스트로 일할 때였습니다. 당시 펀드매니저였던 저자는 제가 다른 회사로 이직하면서 후임 테크팀장으로 오게 되었고, 이후 우리는 반도체 애널리스트로 더 돈독한 선후배가 되었습니다. 저자는 다시 자산운용사의 펀드매니저로 돌아왔고, 탁월한 운용 성과를 거두어 왔습니다.

돌이켜보면 이와 같은 저자의 폭넓은 경험이 글로벌 테크 전반에 걸친 통찰력으로 이어지지 않았나 싶습니다. 저와 저자는 함께 만날 때면 반도체 이야기뿐만 아니라, 이미 수년 전부터 테슬라, 엔비디아 이야기를 나누었습니다. 그리고 ChatGPT가 크게 회자되기 훨씬 전에 이미 그 잠재력에 대해 이야기를 나누었던 기억이 납니다.

이번에 책을 썼다는 이야기를 듣고 '야~ 이 바쁜 친구가 언제 또

책까지 썼나?' 하고 감탄을 했는데, 저자의 원고에는 글로벌 테크 산업에 대한 깊은 지식과 통찰력뿐만 아니라, 자본시장에서의 다양한 경험, 그리고 산업에 대해 잘 정리된 자료가 가득해서, 참으로 흥미로웠고 많이 배웠습니다.

우리는 뛰어난 재능을 가진 사람을 보고 부러워하기도 하고 본인이 가진 타고난 결점 때문에 불편해하기도 합니다. 악필들은 워드프로세서의 개발로 불편에서 벗어났고, 길치들은 내비게이션의 혜택을 보게 되었습니다. 이제 글치들마저 AI 혁명 덕분에 본인의 생각을 보다 쉽게 글로 옮기게 되었고, 심지어 그림치들도 원하는 대로 그림을 그릴 수 있게 되었습니다. 음치들도 자신의 목소리로 멋진 노래를 부르게 될 것이고, 몸치들은 웨어러블 로봇 기술을 통해 운동선수처럼 변하게 될 것입니다.

사실 이러한 결점들을 다 가진 저로서는 새로운 기술이 개발될 때마다 얼마나 좋았는지 모릅니다. 이제 다가오는 4차 산업혁명은 기술적 혁명이 단순히 개인의 불편함을 해소하는 수준이 아니라 인류가 새로운 차원의 생산성 도약을 맞이하게 될 것임을 의미하고, 이는 또한 전혀 새로운 글로벌 매크로 경제 환경과 경험하지 못했던 새로운 사회 문제, 새로운 국가 간 질서, 새로운 주도 회사의 출현, 그리고 엄청난 투자 기회로 나타날 것입니다.

이 책, 《AI 투자 전쟁》은 기술산업에 대한 저자의 탁월한 통찰력과 경험에 기반해 미래의 기술과 산업의 큰 흐름을 설명하고 예측하고 있습니다. 그에 따른 비즈니스 기회와 투자 기회, 그리고 위험을 회피하는 데에서도 매우 중요한 지침서가 될 것입니다. 많은 분들이 이 책을 통해 큰 도움을 얻으시길 바랍니다.

AI 투자의 미래를
바라보는 창

곽동신(한미반도체 부회장)

수년 전 전기차 시장을 열어가는 테슬라에 투자했던 경험이 있습니다. 무엇보다 세상에 없는 기술을 구현해 나가는 일론 머스크의 기업가정신을 높이 평가했기 때문입니다. 새로운 것에 도전하고 만들어내는 것이야말로 기업이 추구해야 할 가치이자 나아갈 방향이 아닐까 생각합니다. 그런 면에서 글로벌 AI 기업들은 '미래를 바라보는 창'이라 할 수 있습니다. 그들의 혁신을 통해 반도체 산업의 투자 방향은 물론 앞으로 세상이 어떻게 바뀌어나갈지 읽을 수 있기 때문입니다. 이 책,《AI 투자 전쟁》은 이런 미래의 창에 대한 이야기라는 생각이 듭니다.

2023년 ChatGPT를 시작으로 본격적으로 AI 시대의 막이 올랐습니다. 최근 엔비디아의 GPU 수요가 엄청나게 늘어나는 이유일 것입니다. 이것은 고대역폭메모리(HBM) 수요로 연결되고, 한미반도체는

HBM의 핵심 장비인 TC본더의 글로벌 넘버원 메이커로서 세계 시장에서 두각을 나타내고 있습니다. 더불어 한미반도체는 TC본더 전용 팩토리를 구축하고 미래의 수요에 대비하고 있습니다. 이것은 저자가 집필한《AI 투자 전쟁》과 무관하지 않습니다. 현재 SK하이닉스, 삼성전자, 그리고 마이크론은 HBM 시장에서 치열한 경쟁을 예고하고 있습니다. 그 중심에 한미반도체의 TC본더가 있는 것입니다.

저자와는 10여 년 전 저자가 IT 애널리스트로서 한미반도체를 분석하던 시절부터 시작하여, 자산운용사에서 글로벌 시장 투자 방향을 논의하기까지 서로 교류해 왔습니다. 글로벌 반도체 시장이 빠르게 변화하는 가운데 AI, 로보틱스 등 다양한 분야를 다룬 이 책을 통해, 투자가들과 기업가들이 많은 인사이트를 얻으리라 확신합니다. AI 기술과 기업들의 동향을 공부하는 것은 더 이상 선택이 아니라 필수일 것입니다. 그런 의미에서《AI 투자 전쟁》을 기업인들의 필독서로 강력하게 추천합니다.

글로벌 기업 혁신의
방향성을 볼 수 있는 책

구자용(현대자동차 전무)

2010년 글로벌 금융위기로 인해 리먼브라더스(노무라)를 떠나 대우증권 리서치센터장으로 합류했을 때, 당시 반도체 애널리스트였던 저자와 함께 일했던 인연이 있습니다. 그때도 저자는 삼성전자 등 국내 반도체 기업들을 분석하면서도, 글로벌 기업들에 대해 폭넓은 시야를 가진 톱 애널리스트였습니다. 이후 저는 현대자동차에 합류하게 되었고, 저자는 자산운용사에서 일하면서 지금까지 오랜 인연을 이어오고 있습니다.

오늘날 자동차 산업은 큰 변화의 소용돌이 속에 있습니다. 지난 10년간 자동차 산업은 내연기관차의 시대에서 벗어나, 전기차와 수소차, 더 나아가 자율주행차 시대를 준비하고 있습니다. 뿐만 아니라, 모빌리티의 혁신은 로보틱스와 AAM(Advanced Air Mobility)로도 이어지고 있습니다. 《AI 투자 전쟁》은 이러한 모빌리티 혁신의 방향을 정확하게 관통하고 있습니다. 특히 전기차와 자율주행의 혁신에 있어서, 자동차 기업들은 글로벌 테크기업들과의 협업이 필수적입니다. 이러한 점에서, 테슬라와 엔비디아 등 글로벌 기업에 대한 저자의 깊이 있는 분석은 모빌리티 혁신의 미래가 왜 이들 기업들과 연관될 수밖에 없는지를 명확하게 설명해 주고 있습니다. 또한, 로보틱스 산업에 대한 분석은 현대차그룹이 투자한 보스턴다이내믹스에 대한 인사이트를 더해주고 있습니다.

그러한 의미에서 《AI 투자 전쟁》은 해외 투자가들뿐만 아니라, 글로벌 AI 기업들과 경쟁하는 국내 대기업들에게도 필독서로 추천할 만합니다. AI의 새로운 변화와 기술혁신은 모빌리티뿐만 아니라, 로보틱스, 반도체 등 전방위적으로 펼쳐지고 있습니다. 그리고 그 선두에 서 있는 글로벌 AI 기업들의 동향을 반드시 알아야만 이들과 경쟁하며 성장해 나갈 수 있기 때문입니다.

기업의 미래 성장은 결국
혁신과 투자로부터

송현종(SK주식회사 부사장)

지난 100년에 걸친 글로벌 기업들의 성장을 관통하는 키워드는 '혁신'과 '투자'일 것입니다. 혁신을 통해 글로벌 기업들은 그야말로 엄청난 성장을 이루었고, 우리의 삶에도 많은 변화를 가져왔습니다. 특히 PC와 인터넷, 스마트폰은 지난 20년간 전 세계적으로 가장 큰 혁신적 변화입니다. 혁신하지 못하는 기업들은 역사 속으로 사라져버리기에, 기업에게 혁신이란 따라잡지 않으면 내가 도태될 수 있는 '양날의 검'입니다. 따라서 글로벌 기업들의 혁신은 기회인 동시에 위기이며, 우리의 입장에서는 늘 촉각을 곤두세우고 성장의 기회를 잡아야만 하는 것입니다.

투자는 곧 성장의 가능성을 잡는 것입니다. 얼마 전 미국 나스닥에 드디어 ARM이 상장했습니다만, 글로벌 투자의 가장 선두에 서 있는 한 사람을 꼽으라면 소프트뱅크 손정의 회장일 것입니다. 그는 오늘날 대전환의 시대를 맞아 "이 시대의 젠트리가 되겠다"고 이야기합니다. 그리고 스마트폰 시대의 가장 핵심 기업 중 하나인 ARM에 7년 전 투자를 했던 것입니다. 긴 안목과 통찰력을 바탕으로 성장의 가능성을 잡으려는 그를 통해, 투자에 대한 동기의 중요성을 발견하게 됩니다.

저자와는 SK하이닉스 미래전략본부에서 함께 일한 인연이 있습니다. 반도체 애널리스트로서 명성이 높았던 저자는 SK하이닉스에서 반도체 시장에 대한 장기 전망을 통해 전략 수립에 많은 기여를 했고, WSTS 이사회에 참여하기도 했습니다. 당시 글로벌 기업들의 동향에 대한 정기적인 보고서는 그룹 내에서도 좋은 평가를 받았던 기억이 납니다. 또한 2021년에는 SK그룹의 CES 포럼에 ESG 분야 패널로 참석하기도 했습니다. 《AI 투자 전쟁》의 원고를 펼쳐보았을 때, '그동안의 경험과 통찰이 드디어 책으로 엮여 나왔구나!' 하고 생각했습니다.

이 책에는 저자가 오랫동안 전문가로 일한 반도체 분야뿐만 아니라, 로보틱스, AI 등 글로벌 혁신의 핵심 분야들이 담겨 있습니다. 이는 또한 SK그룹의 혁신과 투자와도 많은 부분에서 방향성이 일치합니다. 따라서 이 책은 글로벌 투자에 도움을 줄 필독서일 뿐만 아니라, 기업들의 미래 성장을 위한 M&A와 투자에 있어서 참고할 만한 책이라고 봅니다. 저자의 넓은 시야와 깊이 있는 분석은, 이 책을 읽는 독자들에게 변화에 대한 통찰력과 투자의 지혜를 가져다주리라고 확신합니다.

새로운 것에
투자할 수 있는 혜안

조익재(한국성장금융 투자운용본부장)

새로운 것에 대한 투자는 엄청난 수익을 가져옵니다. 일례로 애플이 처음 아이폰을 만들었을 때나 테슬라가 처음 전기차를 출시했을 때 그 회사의 주식을 샀다면 몇 백 배 이상의 수익을 얻을 수 있었습니다. 그러나 새로운 것에 대한 투자는 쉽지 않습니다. 그 전에 없었던 그야말로 '새로운 것'이기 때문입니다. 투자에 대한 고민은 대부분 망설임으로 끝나버립니다.

이 책은 바로 이러한 고민을 해결해줄 책입니다. 책의 첫 마디가 "세상의 변화는 곧 투자의 기회다"라고 시작되는 것만 보아도 저자가 얼마나 높은 통찰력을 갖고 있는지 알 수 있습니다.

우리는 새로운 것들이 갑자기 많이 생겨나는 시대를 살고 있습니다. 전기차, AI, 로봇 등 과거에 없었던 것들이 우리의 삶에 속속 들어오고 있습니다. 이 같은 혁신기술의 등장이 계속해서 큰 투자의 기회를 제공하고 있는데, 무엇이 진짜 큰 수익을 줄 것인지에 대해서는 전문가의 도움이 필요합니다. 돌이켜보면 '그때가 진짜 투자의 기회였는데' 하는 생각을 하지만, 막상 그 시간으로 되돌아가도 투자는 늘 쉽지 않기 때문입니다. 오랫동안 반도체 및 IT 분야 최고 애널리스트와 자산운용사 본부장으로 활동해 온 저자의 혜안에서 멋진 투자의 기회를 찾을 수 있기 바랍니다.

AI 투자 전쟁

차례

CHAPTER 1
새로운 혁신의 신호를 포착하라

CHAPTER 2
투자를 위해 알아야 할 AI 기업들의 전략

CHAPTER 3
상용화될 AI 로보틱스 시장에서 기회를 잡아라

CHAPTER 4
반도체를 알아야 AI 투자 전쟁의 흐름이 보인다

CHAPTER 5
향후 10년, 다가올 혁신의 스토리를 읽고 투자하라

AI 투자 전쟁

AI의 발전은 마이크로프로세서, PC, 인터넷, 휴대전화의
탄생만큼이나 근본적인 일이다.

———
빌 게이츠

시간이 지날수록 로봇이 자동차 비즈니스보다
훨씬 더 중요해질 가능성이 높다.

———
일론 머스크

세상의 변화는 곧 투자의 기회

2016년 6월, 영국의 브렉시트(Brexit, 유럽연합 탈퇴)라는 사상 초유의 결정을 앞두고 금융시장은 다소 어수선한 분위기였다. 그즈음 미래에 셋대우증권에서 개최한 세미나에 참석했는데 강연자는 엔비디아 코리아의 이용덕 지사장님이었다. 강연에 앞서 엔비디아 GTC 2016의 오프닝 영상이 소개됐다.

"모든 것은 하나의 근원, 시간과 공간에서 유일무이한 것으로부터 시작됩니다. 이것은 놀라운 발전을 가져다줄 혁신의 발판이 될 것입니다(It all begins from a single origin, a unique point in space and time. This is the spark of innovation that fuels your most amazing breakthrough)."

이어서 이용덕 지사장님의 강연이 시작됐다.

"여러분, 세상의 큰 변화가 일어날 때는 반드시 관련 데이터가 큰 폭으로 변화합니다. 최근 엔비디아가 집계한 데이터에 따르면 전 세계 GPU(Graphic Processing Unit) 수요가 급증하고 있습니다. 변화는 이제 시작에 불과합니다."

통찰력 있는 강연을 통해 오랜만에 가슴 뛰는 전율을 느꼈다. 글로벌 반도체 산업에서 어마어마한 변화가 다가오고 있었기 때문이다. 기존 CPU(Central Processing Unit) 중심의 디지털 컴퓨팅 방식은 세상을 오로지 0과 1, 쉽게 말해 흰색과 검은색으로 바라보고, 이를 순차적인 직렬 방식으로 처리하는 것이다. 그런데 이제 세상의 회색지대들을 병렬 방식으로 처리하기 시작했다는 것이다. 세상에는 회색지대가 얼마나 많은가? 사실상 대부분이 회색지대가 아닌가!

2016년 AI 기술은 암흑기를 지나 본격적인 태동의 출발점에 서 있었다. 알파고가 이세돌 9단을 꺾는 역사적인 대사건이 일어났고, 음성·패턴·안면 인식, 자율주행 등 다양한 AI 기술들이 발전하고 있었다. 강연의 핵심은 GPU 시장이 폭발적으로 성장할 것이라는 전망이었다. 나아가 엔비디아가 주도하는 GPU 시장이 수년 내에 CPU 시장을 넘어설 수도 있다는 것이었다. 투자가 관점에서 직관적으로 해석하면 엔비디아의 시가총액이 인텔을 넘어선다는 뜻이고, 글로벌 반도체 시장에서 인텔의 아성이 무너진다는 이야기였다.

당시 NH-Amundi자산운용에서 리서치팀을 이끌고 있던 나는 그다음 주 월요일 모닝미팅에서 세미나 내용을 공유했다.

"글로벌 반도체 시장에서 엔비디아가 엄청나게 성장할 것이고, TSMC와 같은 비메모리 서플라이 체인들에게 수혜가 클 것이다. 삼성전자도 메모리가 아니라 비메모리 관점에서 바라봐야 할 것 같다."

2016년 6월에 30~40달러(1/5 액면분할 전)에 불과했던 엔비디아의 주가는 그해 여름쯤 100달러 이상으로 올랐다. 불과 두세 달 만에 3배가 올랐으니 놀라움과 아쉬움이 교차했다.

어느 날 함께 일하던 동료가 물었다.

"제2의 엔비디아 어디 없을까? AMD를 사면 될까? 생각해 보면 제 2의 애플은 없었어. 제2의 테슬라도 없겠지? 그럼 제2의 엔비디아도 없지 않을까?"

엔비디아 주가 100달러는 액면분할 반영 시 20달러 수준에 불과했다. 언제나 그렇듯이 급성장한 기업의 가치는 시간이 지나야 비로소 깨닫게 되는 것이 아닌가! 우리는 그저 다가올 미래에 엔비디아가 엄청나게 성장할 것을 직감할 따름이었다.

사실 엔비디아에 대해 처음 알게 된 것은 그로부터 10여 년 전이었다. 2005년경 골드만삭스가 도쿄에서 주최한 글로벌 테크 포럼에 참석했는데, TSMC와 같은 글로벌 테크기업들을 직접 만나볼 수 있는 귀한 행사였다. 당대 최고의 투자전략가로 명성이 높았던 애비 코헨(Abby Joseph Cohen)의 강연도 들을 수 있었다. 주요 기업들의 프레젠테이션이 끝나고 마지막 세션에서 엔비디아가 소개됐다. 당시만 해도 엔비디아는 그래픽카드를 만드는 회사로, 나스닥에 상장한 지 6년밖에 안 되는 신생기업이었다. 그날도 젠슨 황(Jensen Hwang) 엔비디아 CEO는 가죽 재킷을 입고 조금 긴장한 모습으로 강단에 들어섰다. 그러나 이내 특유의 생동감 있는 프레젠테이션과 반짝이는 눈으로 청중을 사로잡으며, PC 게임 시장 전망과 엔비디아의 성장 가능성을 자신감 있게 설명했다.

　엔비디아는 2006년 CUDA(Compute Unified Device Architecture)라는 병렬 컴퓨팅 SW 플랫폼을 개발했고, 2010년에는 CPU가 처리하던 프로그램 연산에 GPU를 사용하는 GPGPU(General-Purpose Computing on Graphics Processing Units)를 개발하며 새로운 시장을 개척하기 시작했다. 구글은 2012년에 AI 분야의 세계적 권위자인 스탠퍼드대학교 앤드류 응(Andrew Ng) 교수와 함께 '구글 브레인'이라는 인공지능 딥러닝 프로젝트를 추진했는데, 3일 동안 유튜브의 이미지 1,000만 개를 학습한 후 고양이를 찾아내는 것을 목표로 설정했다. 이를 위해 구글은 처음에 CPU 2,000개로 컴퓨팅 시스템을 구축했으나 엔비디아의 제안에 따라 불과 12개의 GPU로 병렬컴퓨팅 시스템을 구축하여 동일한 결과를 얻을 수 있었다. 엔비디아는 이러한 내용을 2013년 애틀랜타에서 열린 국제 머신러닝 콘퍼런스(ICML)에서 발표한 바 있다.

　바야흐로 GPU 시장의 새로운 지평이 열리고 있었다! 그 후 엔비디아는 구글, 아마존, 마이크로소프트 등의 공격적인 데이터센터 투자에 힘입어 성장 가도를 달리게 된다.

작은 실마리에 숨어 있는 투자 힌트

친구들과의 대화, 거리의 풍경, 새로운 소비행태, 세계 곳곳의 뉴스 등 투자는 우리 주변의 아주 사소한 실마리에서도 시작될 수 있다.

피터 린치의 책《전설로 떠나는 월가의 영웅》에도 비슷한 내용이 나온다. 타코벨, 애플, 레그스 등 그가 투자한 기업은 일상의 상식에서 발굴했던 곳들이었다고 소개한다.

대우증권에서 애널리스트로 일하던 2008년 무렵이었다. 당시 해외 고객들이 늘어나 이를 전담할 주니어 애널리스트 채용을 진행했는데, MIT를 졸업하고 미국 반도체 장비 회사를 거쳐 삼성전자에서 일하던 아주 준수한 청년이 지원을 했다. 무엇보다 애널리스트로 일해 보고 싶다는 의지가 확고해서 그 청년과 함께 일하고 싶었다. 그러나 채용을 진행하던 임원께서 그를 뽑을 수 없다고 하셨다.

"손 군은 영어는 모국어 수준인데, 한국말을 잘 못하더군요."

조금 어이가 없었지만, 이런 경우도 있구나 하는 생각이 들었다. 결국 채용은 무산됐지만 나중에 함께 식사도 하고 반도체 업계 동향에 관한 이야기도 나눴다. 몇 년 뒤 그는 다시 공부하기 위해 미국으로 떠났고, 이후에는 페이스북을 통해 가끔 안부나 확인하는 정도였다.

2013년 초 어느 날 손 군은 페이스북을 통해 테슬라의 전기차 모델S의 소식을 전했다. 초대형 스크린을 장착한 자동차 내부, 놀라운 주행 성능과 승차감 등 가속 시의 생생한 느낌을 동영상으로 올렸다. 당시만 해도 전기차는 가격·기술·인프라 측면에서 상용화까지는 아직 멀었다는 전망이 지배적이었다. 나아가 배터리 제조 비용을 감안하면 궁극적으로 전기차는 결코 효율적이지 않다는 주장도 팽배하던 시기였다. 그런데 테슬라 모델S를 보니 멋진 디자인에 제로백 3초의 주행 성능, 예상보다 긴 주행거리를 구현한 것이 아닌가. 더구나 당시 미국에서 보조금을 지원받으면 7만 달러 정도에 구매가 가능했다.

곧 엄청난 시장이 열리겠구나 싶었다. 애플이 2009년 아이폰을 발표한 이후 스마트폰 시장에 얼마나 엄청난 변화가 일어났는가! 전기차라는 혁신이 다가오고 있다는 생각에 전율을 느꼈다. 나는 그 길로 외환은행에 가서 환전을 하고 처음으로 해외 투자 계좌를 열었다. 지금도 그렇지만 펀드매니저들은 당연히 국내 주식 투자가 제한되고, 애널리스트들도 담당 섹터는 투자를 못하게 돼 있다. 그래서 일찌감치 해외 투자로 눈을 돌릴 수밖에 없었지만, 덕분에 글로벌 기업들의 혁신에 올라탈 수 있었다.

테슬라 주가는 당시 액면분할로 100달러, 지금으로 치면 10달러를 오르내리고 있었으니, 돌이켜보면 정말 우연찮게 초기에 투자하는 행운을 얻었다. 글로벌 기업에 투자하는 것은 새로운 시대를 읽는 지름길이었고, 국내 기업들을 분석하는 데도 바로미터가 됐다.

혁신기술의 기하급수적 성장

새로운 기술은 처음 발명되고, 제품화·상용화되고, 폭발적인 수요를 형성하고, 이후 보편화 혹은 범용화되는 일련의 과정을 거친다. 혁신적인 기술의 상용화는 스타트업(벤처기업)들이 주도하는 경우가 많지만, 글로벌 테크기업들 역시 지분 투자나 인수합병(M&A)을 통해 새로운 기술을 확보한다. 새로운 기술을 제품화·상용화시킬 때 그 기술이 타깃으로 하는 시장이 어느 정도 규모인지, 확산의 초기 단계인지 아니면 어느 정도 진행된 시장인지 가늠해 볼 필요가 있을 것이다. 나아가 제품이나 서비스가 본격적으로 확산될 때까지는 과연 얼마나 시간이 걸릴지, 또 언제쯤이면 경쟁사들이 출현하고 가격 하락 등에 직면하게 될지 등을 가늠해 볼 필요가 있다.

혁신적인 기술을 상용화시킨 후 지속적으로 성장하고, 수익성도 높으며, 높은 진입장벽(해자)으로 경쟁자들마저 들어오기 어렵다면, 그 기업의 가치는 시간이 지날수록 예상보다 훨씬 더 높게 평가될 가능성이 크다. 5년 전, 10년 전에는 결코 가늠하기 힘들었던 어마어마한 기업가치에 이른 소위 '매그니피센트 7'이라 불리는 글로벌 빅테크기업들 모두 지난 20년간 이러한 길을 걸어왔다.

글로벌 조사기관 가트너(Gartner)에서는 이러한 각 기술의 상용화 단계를 담은 하이프 사이클(Hype Cycle)을 매년 발표한다. 가트너의 2023년 '떠오르는 기술(Emerging Technologies)'을 살펴보면, 향후 2~5년 내에 상용화 기술이 개발되며 기대감이 높아질 기술은 생성형 AI 외에도, AI 기술을 활용한 SW와 서비스를 향상시키는 기술, 응용프로그램(API) 중심의 SW 서비스, 기업들에 대한 SW 무료 사용 지원, 클라우드에 있는 기능을 에지에서 잘 활용할 수 있도록 구현하는 기술, AI 기반의 신뢰·보안·리스크 관리 등이 있다.

한편, 기술이 상용화되기 전 시장의 기대치가 낮아지거나 기술적인 문제를 해결하지 못하기도 하는데, 이를 침체기(Trough of Disillusionment) 혹은 간극(Chasm)이라고 표현한다. 예를 들어, 라이트 형제의 비행 실험은 1903년에 성공했지만, 최초의 상업 비행은 1914년에

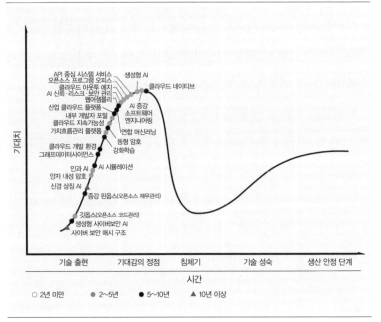

〈그림 P-1〉 떠오르는 기술의 하이프 사이클, 2023

기대치

API 중심 시스템 서비스
오픈소스 프로그램 오피스
클라우드 아웃투 에지
AI 신뢰·리스크·보안 관리
웨어셈블리
산업 클라우드 플랫폼
내부 개발자 포털
클라우드 지속가능성
가치흐름관리 플랫폼
클라우드 개발 환경
그래프데이터사이언스
인과 AI
양자 내성 암호
신경 상징 AI

생성형 AI
클라우드 네이티브

AI 증강
소프트웨어
엔지니어링
연합 머신러닝
동형 암호
강화학습
AI 시뮬레이션
증강 핀옵스(오픈소스 재무관리)
깃옵스(오픈소스 코드관리)
생성형 사이버보안 AI
사이버 보안 매시 구조

기술 출현　　기대감의 정점　　침체기　　기술 성숙　　생산 안정 단계

시간

○ 2년 미만　● 2~5년　● 5~10년　▲ 10년 이상

* 2023년 8월 기준
자료: 가트너

야 이뤄졌으며 항공 비즈니스는 1926년 이후 본격적으로 시작됐다. 1920년대 초 항공산업은 긴 침체기를 지났던 것이다. 따라서 새로운 기술이 상용화되기까지 현재 어떤 단계를 지나고 있으며, 상용화 지연에 따른 리스크는 무엇인지 등을 가늠해 볼 필요가 있다.

　캄브리아기 대폭발(Cambrian Explosion)은 약 5억 년 전 지구상에 다양한 생명체가 폭발적으로 증가했던 사건을 말한다. 2017년 맥킨지 보고서[1]는 AI 로보틱스 기술이 캄브리아기 대폭발 같은 시기에 접어들어 모든 종류의 인공지능적인 '존재'들이 일상의 삶 구석

구석에 스며드는 세상이 온다고 전망했다. 나아가 레이 커즈와일(Ray Kurzweil) 같은 미래학자들은 초인공지능이 폭발적으로 확산되는 특이점(Singularity)을 2045년으로 전망했다.

맥킨지는 새로운 기술이 상용화되고 본격적으로 확산되는 과정에서 중요한 요인은 ① 기술적 가능성 ② 개발·확산 비용 ③ 시장의 역학 ④ 경제적 효과 ⑤ 사회적 선택이라고 분석했다. 또한 AI 로보틱스 기술은 대리인, 사회적인 센싱, 수작업 등의 분야에서 인간의 수행 능력에 근접했으나 창조성, 감정적인 추론, 자연어 처리 등에서는 여전히 갈 길이 멀다고 평가했다. 실제로 2010년 후반 AI 로보틱스 기술은 다소 침체됐다가 2023년 이후 다시 비약적으로 발전하고 있다는 점에서, 가트너가 설명하는 기술의 간극을 지나 본격적으로 성장 궤도에 올라선 것이다.

큰 흐름을 읽는 것이 중요하다

2023년에 반도체 시장은 턴어라운드 가능성에 대한 질문이 많았다.

"올해도 반도체 시장이 그렇게 안 좋은가요?"

"이번 반도체 사이클은 과거와 무엇이 다릅니까?"

"올해 SK하이닉스의 적자는 얼마로 봐야 할까요? 10조 원이 넘을 것 같지 않나요?"

"반도체 사이클이 돌아서면 삼성전자를 사야 하나요, SK하이닉스를 사야 하나요? 아무래도 SK하이닉스가 더 모멘텀이 좋겠죠?"

오랫동안 반도체 시장을 분석했던 경험이 있다 보니 아무래도 주가가 하락할 때는 이 같은 질문을 많이 받는다.

2021년 이후 하락세에 접어든 반도체 기업들은 2023년까지도 상황이 좋지 않았다. 무엇보다 반도체 재고가 어마어마하게 쌓여 있고, 수요 회복은 예상보다 더뎠다. SK하이닉스는 2023년 상반기에만 6조 3,000억 원의 영업적자를 기록했고, 2023년 전망치는 10조 원 수준의 적자였다. 게다가 감가상각비를 포함한 EBITDA(Earnings Before Interest, Taxes, Depreciation and Amortization, 기업이 영업 활동으로 벌어들인 현금 창출 흐름을 나타내는 지표)는 12조 원 수준이다. 회사채 발행이나 증자 등 추가적인 자금 조달 없이, 잉여현금흐름(Free Cash Flow) 내에서 집행할 수 있는 설비 투자(Capex)는 2조 원에 불과하다는 뜻이다. 반도체 기업의 입장에서 2023년의 실적 악화는 이전엔 겪어보지 못한 불황이었을 것으로 판단된다. 한 마디로 단기적인 업황 부진과는 결이 다른 상황이었다.

그러나 2023년 하반기를 지나며 SK하이닉스 주가는 HBM(High Bandwidth Memory, 고대역폭메모리)에서의 경쟁력을 바탕으로 선제적으로 상승하기 시작했다. 언제나 그렇듯 투자의 세계에서 위기는 곧 기회가 된다. 그리고 주가는 펀더멘털에 선행하게 마련이다. 다만, 현재 메모리 반도체 기업들의 매출 구성 자체가 스마트폰과 데이터센터가 대부분이므로, 관련 수요가 빠르게 돌아서지 못한다면 실제 실적 회복에는 상당한 기간이 필요할 것이다. 적자의 골이 깊은 상황에서 공격적인 투자를 감행할 수 없으므로, 반도체 소재와 장비 업체들의 실적 역시 대부분 역성장할 가능성이 높다. 전통적으로 메모리 반도체 사이클의 바닥에서 턴어라운드는 결국 새로운 수요가 발생하지 않는다면 공급을 줄이는 수밖에 없었다. 특히 글로벌 메모리 반도체 시장은 3개 업체로 과점화되어 있기 때문에 감산의 효과는 빠르게 나타날 가능성이 높다.

2024년에 접어들며 AI 시장과 함께 성장할 HBM의 수요 성장과 투자 확대가 메모리 반도체 시장의 촉매제임이 더욱 명확해지고 있다. 이에 따라 향후 3~5년 내에 메모리 반도체 기업들의 비즈니스 구조는 현재의 서버와 모바일로 이분화된 구조에서 완전히 벗어나, 서버, 모바일, HBM의 안정적인 구조로 변화할 가능성이 높다. 글로벌 메모리 반도체 시장에서 AI 시장과 연관된 HBM의 비중이 현재는 비록 크지 않더라도, 장기적으로 크게 성장하리라는 전망을 바탕으로 밸류에이션 프리미엄을 부여하는 것이 타당할 것이다. 최근 HBM에 TC본더(Thermo Compression Bonder) 장비를 공급하는 한미반도체가 완전히 리레이팅되며 시가총액 10조 원을 넘어서는 반도체 장비시대를 여는 것도 이와 같은 맥락으로 판단된다.

한편, 비메모리 서플라이 체인에 속한 반도체 소재·장비 업체들 역시 중장기적으로 급성장할 기회의 창이 열리고 있다. 특히 TSMC와 같은 글로벌 파운드리 기업의 서플라이 체인에 속한 장비업체들은 차별화된 성장성과 기업가치 재평가의 기회를 맞고 있다. 2023년 대부분의 반도체 장비 업체들의 실적이 역성장하거나 적자인 상황에서도 HPSP와 같이 비메모리 서플라이 체인에 속한 장비업체의 영업이익률은 50%를 넘어서는 경우도 찾아볼 수 있다. 이러한 반도체 장비 업체들은 독점적인 기술력을 바탕으로 TSMC, 인텔, 삼성전자 같은 글로벌 비메모리 기업들을 고객으로 확보하고 있다는 점이 특징적이다. 지난 10년 이상 한국 반도체 장비 업체들은 주로 증착 장비(Chemical Vapor Deposition, CVD)의 국산화에 주력해 왔는데, 이제 새로운 영역에서 가치를 키워나가고 있는 것이다. 소위 'K-반도체 장비 2.0'의 시대가 열리고 있다.

넥스트 빅 싱, 새로운 혁신을 바라볼 때!

애널리스트로 일하면서 2009년 이후 수년간 가장 주목한 리서치 주제는 애플이 주도한 모바일 혁신이었다. 당시 스마트폰 시장에서의 커다란 변화는, 하버드대학교의 클레이턴 크리스텐슨(Clayton M. Christensen) 교수가 주창한 '파괴적 혁신(Disruptive Innovation)'이라는 개념과 맞닿아 있었다. 모바일 혁신으로 인해 실제로 노키아의 휴대전화는 역사 속으로 사라졌다. 2010년 후반에 접어들며 모바일 혁신은 SNS와 전자상거래를 통해 더욱 확산됐고, 아마존과 마이크로소프트, 구글 등은 클라우드와 데이터센터에 경쟁적으로 투자했다. 그러나 2020년에 접어들면서 10여 년 동안 진행돼 온 모바일 혁신은 일단락됐다. 중국을 비롯한 전 세계 스마트폰 시장은 더 이상 성장하지 못하고 오히려 역성장하고 있고, 글로벌 빅테크기업들의 데이터센터 투자 역시 정체돼 있다.

따라서 반도체 시장이 다시 성장하기 위해서는 무언가 새로운 폭발적인 수요가 나와줘야만 한다. 소위 넥스트 빅 싱(Next Big Thing)이라 일컬을 수 있는 혁신은 과연 무엇일까? 현재로서는 생성형 AI를 필두로 한 AI 기술의 혁신이 가장 유력할 것이다. ChatGPT에 이어 최근 오픈AI가 발표한 소라(Sora)는 미디어 콘텐츠 시장에서 가히 혁명적인 변화인 것으로 평가되고 있다. 또한 AI 기술은 자율주행 시대를 더욱 앞당길 수 있을 것이고, 나아가 로보틱스 분야에도 적용될 수 있을 것이다. 그렇다면 다가오는 AI 시대에는 과연 누가 새로운 역사의 주인공이 될까?

이러한 의문에 대한 답을 찾아보자는 생각이 이 책을 쓰는 계기가 됐다. 20년 이상 글로벌 테크기업들의 혁신을 남보다는 한발 앞서 바라본 애널리스트이자 투자가로서, 지금 이 시점에서 과연 어떻게 미래를 바라보고 또한 어디에 투자할지 가늠해 보는 것은 분명 의미 있는 작업이 될 것이다.

다가올 미래, 앞으로 10년 이상 전개될 새로운 혁신은 이미 기지개를 켜기 시작했다. 테슬라의 혁신으로 시작된 모빌리티 혁명은 다양한 모빌리티 기업들을 통해 드론, AAM(Advanced Air Mobility) 등으로 이어지고 있다. 이러한 모빌리티 혁신은 AI와 로보틱스의 혁신으로 한 단계 더 발전할 것이다. 단순히 SW가 추가된 기계로봇이 아니라 소프트웨어 디파인드(SW-defined) AI 휴머노이드 로봇이 나오기 위해서는, 현재의 AI 로보틱스 요소 기술들이 한 단계 더 발전해야만 한다. 이제 AI 기술은 전 세계적으로 ChatGPT가 센세이션을 일으키며

캄브리아기의 대폭발과 같은 엄청난 확산의 시기를 맞이했다. 생성형 AI 기술에서 마이크로소프트(오픈AI)와 구글의 일대 격전은 불가피할 것이고, 공간컴퓨팅 혹은 메타버스의 시대에는 새로운 플랫폼 기업이 출현할 수도 있다.

한편, 로봇시장은 미래에 가장 큰 온디바이스 AI가 될 가능성이 높다. 그러나 산업용 로보틱스 분야에서 우리나라는 일본이나 독일에 뒤처져 있었다. 특히 핵심 부품인 가속기·감속기 분야에서는 일본의 벽이 여전히 높다. 또한 자율주행 기술이 AI 로보틱스의 생태계로 연결되면, 결국 이 시장도 테슬라와 엔비디아가 장악하는 것이 아니냐는 우려도 높다.

그러나 최근 현대차가 보스턴다이내믹스를 인수했고, 삼성전자도 레인보우로보틱스에 투자하는 등 로보틱스 시장의 상업화와 성장을 위한 행보가 빨라지고 있다. 또한 최근 테슬라를 필두로 로보틱스에 AI를 결합시키려는 혁신이 시작됐다. AI와 로보틱스를 연결시키는 것은 다름 아닌 반도체다. AI 반도체 시장은 이미 지난 10년 이상 변화를 내다보고 준비해 온 엔비디아가 주도하고 있지만, 새로운 한국의 팹리스(Fabless) 스타트업에게도 분명 성장의 기회가 있을 것이다.

향후 10년 이상 AI, 로보틱스, 반도체와 새로운 컴퓨팅을 둘러싼 AI 투자 전쟁은 이미 시작됐으며, 앞으로 더욱 치열해질 것이다. 먼 미래를 정확히 내다볼 수는 없겠지만, 알 수 없는 내일을 가늠하다 보면 어렴풋하게나마 길이 보일 것이다. 미래를 예측한다는 것은 언제나 틀릴 수 있지만, 그 과정 자체가 의미 있는 일이다. 우리는 이를 전망(Forecast)이라 부르고, 모름지기 전망은 깊고 길게 할 때 그 속에 혜안(Insight)을 담을 수 있다.

무서울 정도로 빠르게 생겨나는 기술들을 세세하게 이해하는 것은 때로는 어려운 과정일 수 있다. 그러나 그 기술이 가져올 엄청난 변화들은 새로운 비즈니스와 부를 잡을 기회로 이어지기 마련이다. 곳곳에서 일어나는 혁신을 가늠해 보고, 향후 5년, 10년간 기하급수적으로 성장할 기업을 찾는 것은 여정 자체가 즐거움이다. 무엇보다 내가 찾은 기업이 세상을 바꾸고 있다는 점을 깨달을 때 이전에는 몰랐던 투자의 기회와 새로운 미래가 보일 것이다.

넥스트 빅 싱, AI 투자 전쟁은 이미 시작됐다!

CHAPTER_1

새로운 혁신의
신호를 포착하라

AI 투자 전쟁

새로운 것을 만드는 것보다 기존의 모형을 모방하는 게 더 쉽다.
하지만 어떻게 하면 되는지 사람들이 이미 알고 있는 일을 다시 해봤자
세상은 1에서 n이 될 뿐이다. 익숙한 것이 하나 더 늘어날 뿐이라는 말이다.
그러나 뭔가 새로운 것을 창조하면 세상은 0에서 1이 된다.

—————————
피터 틸, 《제로 투 원》

탈세계화 시대를 알린
화웨이의 블랙 스완

2015년 중국의 '메이드 인 차이나 2025' 계획은 세계화 시대의 종료를 알리는 신호탄이었다. 중국은 반도체 산업 굴기를 위해 2015년 칭화유니그룹을 앞세워 마이크론 인수전에 나섰지만 실패했다. 이후에도 칭화유니그룹은 웨스턴디지털 지분 15%를 매입하고, 이를 통해 당시 글로벌 4위 낸드플래시 업체였던 샌디스크를 우회적으로 인수하려고 시도했다. 그러나 미국의 외국인투자심의위원회(Committee on Foreign Investment in US)가 자국의 안보에 위협이 되는지 조사하겠다고 하자 돌연 인수 참여 의사를 철회했다.

2017년 미국 대통령과학기술자문회의(President's Council of Advisors on Science and Technology, PCAST)에서는 〈미국 반도체 산업 리더십의 장기적인 유지〉[1]라는 보고서를 발간했다. 당시 중국은 향후 10년간 정부 주도로 1,500억 달러의 대규모 투자를 통해 글로벌 반도체 기업을 인수하거나 기술을 확보하려는 계획이었다. 보고서에서는 중국이 자국 내 반도체 생산에 대한 보조금 지급 등으로 단기적으로는 반도체 생산 비용을 낮출 수 있겠으나, 반도체 기술 혁신이라는 장기적 측면에는 부정적인 영향을 줄 것으로 보았다. 또한 중국의 반도체 정책들은 일종의 제로섬 전략이며, 특히 중국 시장을 담보로 기술 이전을 요구하거나, 지적재산권을 훔치는 행위 등은 산업혁신과 안보를 저해하는 요인으로 판단했다.

중국의 반도체 굴기에 대한 미국의 대응 방향에 대해서는 다음과 같은 여섯 가지 원칙을 제시했다. 첫째, 빠르게 앞서 달려가 경쟁에서 이기고, 혁신을 통해 제조경쟁력에서 우위를 유지한다. 둘째, 국가안보 차원에서 중요한 첨단 반도체 기술에 집중한다. 셋째, 중국에 대한 대응보다는 미국의 강점에 주목한다. 넷째, 미국의 제재에 대한 중국의 대응 방향을 예측한다. 다섯째, 중국의 발전에 대해 반사적으로 반대하지 않는다. 여섯째, 무역과 투자의 원칙을 강화해 나간다. 그리고 미국이 반도체 산업에서 리더십을 유지하고 혁신전략을 실행, 발전시키기 위해서는 무엇보다 반도체 제조에서 초격차(Cutting Edge) 기술을 통한 차별화가 중요하다고 보았다.

또한 향후 미국의 반도체 산업 지원을 위한 세 가지 방안을 제시하였다. 첫째, 인재 파이프라인을 확보한다. 글로벌 기업들은 인재가 있는 곳에 투자하므로 특히 과학·기술·공학·수학(STEM) 분야에 대한 정부의 지원을 확대해야 한다. 둘째, 초기 단계의 기술에 대한 리서치에 투자한다. 이는 반도체 기술 혁신의 지속을 위해 필수적이다. 셋째, 설비 투자에 빠르게 대응한다. 특히 반도체 등 연구·자본 집약적 산업에서는 현재의 기술을 지속적으로 뛰어넘어야 한다는 점을 강조했다.

반도체 산업에서 미국의 경쟁력을 유지하기 위한 도약(Leapfrog) 전략은 PCAST 보고서에서 가장 핵심적인 부분이다. 특히 미래 컴퓨팅과 반도체 산업의 혁신을 이끌어내기 위한 문샷 프로젝트(Moonshot Project)[2]를 추진해야 한다고 제안했다. 즉, 미국이 1980년대 반도체 산업에서는 컴퓨팅 속도를 향상시키는 전략을 통해 경쟁을 극복하였으나, 오늘날에는 처리 속도 이외에 다른 차원에서의 혁신이 더 중요해졌으며, 새로운 패러다임의 컴퓨팅 방식을 통한 솔루션들이 필요하다는 것이다. 또한 정책 결정자들이 산업, 정부, 학계와 함께 문샷 과제들을 선택할 것을 제안하고 있다. 예를 들면, 나노스케일의 3D 프린팅, 양자컴퓨팅 등 기술적으로 구현하기 어려운 혁신 과제들이나 탄소나노튜브, DNA 등 실리콘 이외에 새로운 물질의 적용 등 장기적인 기술 과제들이다.

그러나 미국은 2018년 7월 중국과 무역전쟁을 시작했다. 2019년에 화웨이에 대한 전면적인 제재에 나섰는데, 화웨이가 대이란 제재를 위반했다는 것이 표면적인 이유였다. 캐나다에서는 멍완조우(孟晚舟) 화웨이 부회장이 체포됐다. 당시 화웨이는 중국 스마트폰 시장에서 1위로 등극한 상태였고 5G 통신 장비 시장 글로벌 점유율도 30%에 달했다. 트럼프 행정부가 화웨이에 거래금지명령이라는 강력한 제재를 가한 탓에 구글, 인텔, 퀄컴에 이어 ARM 역시 화웨이와의 거래를 중단했다. ARM의 특허가 없으면 스마트폰과 통신장비는 제조가 불가능하다.

2019년 말 화웨이의 초청으로 자산운용사 CIO들이 선전에 있는 화웨이 본사를 방문한 적이 있었다. 어마어마한 규모의 옥스혼 캠퍼스에는 특이하게도 유럽 각국의 고풍스러운 건축 양식으로 지어진 연구소들이 들어서 있었고, 빨간 꼬마 기차도 다니고 있었다. 모네의 그림을 참고해 만들었다는 아름다운 연못에는 런정페이(任正非) 회장이 어렵게 구했다는 블랙 스완 몇 마리가 한가롭게 헤엄치고 있었다.

화웨이 캠퍼스 투어를 통해 연구소 등을 둘러보고 기지국, 라우터 등 5G 통신 장비들과 스마트폰, 자체 설계 AP(Application Processor), 데이터센터 등 화웨이의 기술 경쟁력에 대한 자세한 브리핑을 들을 수 있었다. 통신장비 보안 시스템에 대한 설명도 들을 수 있었는데, 글로벌보안최고임원(Global Cyber Security & Privacy Officer, GSPO)인 존 서폴크(John Suffolk)는 영국 정부에서 오랫동안 일한 통신·보안 전문가라고 소개했다. 영화 '007 시리즈'에 나오는 영국 정보기관 SIS(Secret Intelligence Service, M16) 출신이 화웨이의 글로벌 정보 수장이라니 참 아이러니하다는 생각이 들었다.

투어 마지막 날에는 화웨이의 전략 담당 임원을 통해 중장기 성장 전략에 대한 프레젠테이션을 들었다. 화웨이는 5G 통신 장비 기술을 바탕으로 6G 등 미래 통신 기술을 준비하는 것은 물론, 로보틱스, 스마트시티, AI, 반도체 등으로 영역을 확대하여, 10년 후에는 세계 최고 수준의 테크놀로지 기업으로 성장한다는 원대한 계획을 세우고

AI 투자 전쟁

있었다. 우리 기업들의 앞날에 위협이 되겠다는 생각마저 들었다.

그러나 현재 화웨이는 미국의 강력한 제재 아래 사실상 몰락의 길을 걷고 있다. 2020년 바이든 정부 출범 이후에도 미국은 화웨이에 모든 부품 공급을 금지하는 등 제재를 더욱 강화하고, 글로벌 반도체 산업 서플라이 체인에서 중국을 철저하게 분리하는 전략을 지속해 나가고 있다. 결국 미국이 화웨이를 제재할 수 있는 것은 반도체, SW 등 원천기술의 힘이라는 생각이 든다. 화웨이의 블랙 스완은 탈세계화(De-globalization) 시대를 알리는 시그널이었는지도 모르겠다.

미국이 반도체 시장의
패권을 잡는 법

2017년 PCAST 보고서에 이어, 2022년 발의된 반도체칩·과학법 (CHIPS and Science Act)은 미국의 글로벌 반도체 리더십을 더욱 강화하는 법안이다. 이 법안에 따라 미국에서 반도체를 생산하는 기업에 520억 달러를 지원하고, 향후 4년간 25%의 투자세액공제를 제공하며, 장기적으로 AI, 양자컴퓨팅 등의 연구개발에 2,000억 달러를 지원할 계획이다. 이에 맞추어 마이크론을 비롯한 미국 기업들은 442억 달러의 투자 계획을 발표했다. 마이크론은 400억 달러를 투자하여 미국의 메모리 시장 점유율을 2%에서 10%로 늘리고, 퀄컴과 글로벌파운드리는 42억 달러를 투자할 계획이다.

각국 정부 역시 잇달아 반도체 산업 지원 정책을 발표했다. 우리나라는 향후 5년간 340조 원 이상 투자해 '반도체 초강대국 달성 전략'을 수립하고, 20~30%의 세액공제를 포함한 반도체지원특별법(K칩

〈표 1-1〉 반도체칩·과학법의 투자 계획(2022~2026)

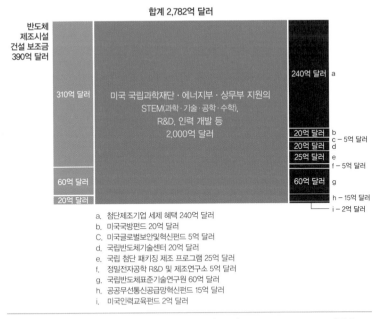

합계 2,782억 달러

반도체
제조시설
건설 보조금
390억 달러

310억 달러

미국 국립과학재단·에너지부·상무부 지원의
STEM(과학·기술·공학·수학),
R&D, 인력 개발 등
2,000억 달러

60억 달러

20억 달러

240억 달러 a

20억 달러 b
20억 달러 c – 5억 달러
25억 달러 d
e
f – 5억 달러
60억 달러 g

h – 15억 달러
i – 2억 달러

a. 첨단제조기업 세제 혜택 240억 달러
b. 미국국방펀드 20억 달러
C. 미국글로벌보안및혁신펀드 5억 달러
d. 국립반도체기술센터 20억 달러
e. 국립 첨단 패키징 제조 프로그램 25억 달러
f. 정밀전자공학 R&D 및 제조연구소 5억 달러
g. 국립반도체표준기술연구원 60억 달러
h. 공공무선통신공급망혁신펀드 15억 달러
i. 미국인력교육펀드 2억 달러

자료: Creating Helpful Incentives to Produce Semiconductor(CHIPS) and Science Act of 2022, 맥킨지

〈그림 1-1〉 미국 상무부가 주관할 미국 내 반도체 제조 투자

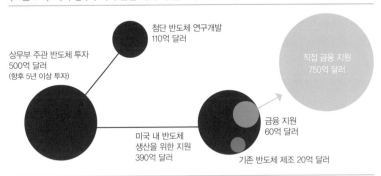

첨단 반도체 연구개발
110억 달러

상무부 주관 반도체 투자
500억 달러
(향후 5년 이상 투자)

직접 금융 지원
750억 달러

금융 지원
60억 달러

미국 내 반도체
생산을 위한 지원
390억 달러

기존 반도체 제조 20억 달러

자료: 미국 상무부, 맥킨지

스법)이 발의됐다. 대만은 R&D에 25%, 첨단 설비 투자에 5%의 세액 공제를 골자로 하는 산업혁신법 개정안을 발의하고, TSMC, 미디어텍, UMC 등 주요 반도체 기업들의 법인세 부담을 15% 이하로 낮췄다. 유럽연합 역시 직접회로법을 발의하여 480억 달러를 관련 기업 투자에 지원할 계획을 밝혔고, 일본도 반도체 산업 지원을 위한 기금을 조성했다.

이와 같이 글로벌 반도체 시장은 미국을 중심으로 재편되고 있고, 반면 중국은 R&D, 제조는 물론 첨단 반도체 사용에 있어서도 배제되고 있다. 특히 CPU나 GPU 등 첨단반도체에 대한 파운드리는 전 세계적으로 TSMC와 삼성전자 등 극소수의 업체들만이 가능하기 때문에 중국의 고심은 더욱 깊어질 수밖에 없을 것이다. 또한 미국의 반도체칩·과학법은 이제 본격적으로 펼쳐지기 시작한 AI 시대의 성장에 대비하고 있는 것으로 판단된다. 엔비디아는 물론 AMD의 GPU조차 제대로 공급받지 못하는 중국은 글로벌 AI 무한 경쟁에서 그만큼 뒤처질 가능성이 커진 것이다.

전쟁, 인플레이션, 금리 인상의 악순환

전쟁과 탈세계화는 전 세계적으로 공급망의 불확실성과 비용 상승을 야기한다. 지난 150년간의 세계 경제 흐름을 살펴보면 세 번의 탈세계화[3]가 있었다. 첫 번째 탈세계화는 1910~1930년 두 차례의 세계대전, 경제대공황과 함께 발생했다. 1970~1980년대의 1·2차 중동전쟁과 오일쇼크가 발생했던 시기가 두 번째 탈세계화에 해당한다. 현재 진행되고 있는 세 번째 탈세계화는 코로나19에 이어, 러시아-우크라이나 전쟁 상황과 맞물려 있다. 탈세계화 시기에는 공통적으로 글로벌 무역 비용이 상승하는 것을 확인할 수 있고, PPI(Produce Price Index, 생산자물가지수) 상승과 공급망의 불확실성 등이 관찰된다.

2018년 이후 미-중 무역전쟁이 탈세계화로 이어지는 동안, 미국 연방준비제도(FED)를 비롯한 전 세계 중앙은행들은 유동성 공급을

〈그림 1-2〉 탈세계화 시대의 무역 비용 상승

자료: Dimensional, using data from CRSP and Compustat, KB증권

지속했다. 더구나 2020년 이후 전 세계적으로 확산된 코로나19는 유동성 공급을 멈추지 못하는 또 다른 원인이었다. FED의 지속적인 금리 인하는 2020년 3월 0.00~0.25%에 이르러 멈췄지만, 그 이후로도 1년 이상 제로 금리를 유지했다. 2023년부터 금리 인상을 예고하던 연준은 2022년 초부터 예상보다 빠르게 기준금리를 인상하기 시작했다. 연초부터 시작된 러시아-우크라이나 전쟁이 그 발화점이었다. 길어봐야 한두 달 안에 끝날 거라던 전쟁은 2024년 현재까지 여전히 지속되고 있다. 2020~2021년 코로나19에 이어, 2022년에는 전쟁-인플레이션-FED의 금리 인상으로 이어지는 악순환의 고리가 시작된 것이다.

2023년 6월 연방준비제도이사회(FRB)의 〈통화정책 리포트〉[4]에 따르면, 인플레이션은 2022년 하반기 이후 완화되고 있지만 2% 목표치보다 여전히 높고, 고용시장은 타이트했다. 연방공개

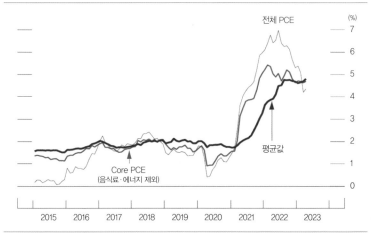

* 연준은 주거비 비중이 높은 CPI보다 PCE 지표를 중요하게 봄. 특히 음식료와 에너지를 제외한 근원개인소비 지출(Core PCE)이 통화정책 의사결정에서 중요한 지표

자료: 댈러스연방은행, 미 경제분석국

시장위원회(FOMC)는 2022년 6월 이후 기준금리를 3.5%p 인상하여 현재 5.0~5.15%에 이르렀고, 연준은 2023년 초 이후 국채와 MBS(Mortgage-Backed Securities)를 4,200억 달러 축소했다. 연준이 중요하게 보는 인플레이션 지표인 PCE(Personal Consumption Expenditure, 개인소비지출)는 2022년 6월 7%에서 2023년 4월 4.4%까지 하락했다. 그러나 실업률은 3.7%로 여전히 사상 최저치 수준이었으며, 구직활동은 2022년 하반기 이후 월평균 31만 명 수준이고, 시간당 임금 상승은 4.8%(2022년 상반기 6%)로 여전히 견고했다. 다만, 금융 환경이 지속적으로 타이트해짐에 따라, 레버리지 대출과 투기 등급 회사채 발행 등은 2022년 하반기 이후 많이 감소했다. 따라서 연준은 속도를

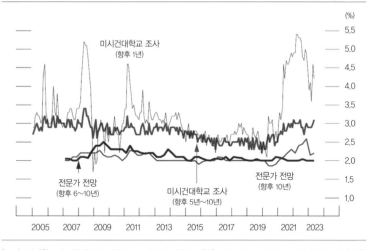

* 미시건대학교의 인플레이션 기대치는 소비자가 예상하는 향후 제품·서비스의 가격. 필라델피아 연방은행은 전문가 설문 조사를 통해 보다 장기적인 기대 인플레이션 제시

자료: 미시건대학교 소비자 조사, 필라델피아 연방은행(전문가 조사)

다소 완화하긴 했어도 인플레이션 안정이라는 목표를 달성하기 위해 긴축 통화 정책을 지속할 것임을 밝혔다.

1970년대 말에도 중동전쟁에 이어 급격한 인플레이션 시기가 있었다. 물론 당시 경제 상황은 고용시장도 악화된 스태그플레이션이었지만, 인플레이션이 예상보다 오랫동안 지속되었고, 이후 연준의 공격적인 금리 인상이 이어졌다는 점에서 유사하다.

앨런 그린스펀의 역작《격동의 시대》에는 이런 구절이 나온다.

"1978년 내내, 물가가 꾸준히 상승하면서 그해 초반에는 6.7%, 6월에는 7.4%, 크리스마스쯤에는 9%까지 상승했다. 그 후 1979년 1월 이슬람 근본주의자들이 이란 국왕을 권좌에서 추방했고 두 번째

〈그림 1-5〉 FRB의 기준금리와 미국 국채(2년물, 10년물) 금리 추이

* 연준의 정책금리와 장단기 금리의 흐름을 비교한 것. 특히 장단기 금리 차(2년물 국채와 10년물 국채 금리 간 차이)가 역전될 때 경기 침체 국면으로 판단

자료: 미 재무부, FRB

오일쇼크가 시작됐다. 그해 여름 가솔린 가격 규제 탓에 가스라인이 만들어지면서 경제는 또 다른 침체를 향해 소용돌이치기 시작했고 인플레이션도 두 자릿수대로 다시 건너가면서 가을에는 결국 12%에 이르렀다."

CPI(Consumer Price Index, 소비자물가지수)에서 비중이 높은 주거비가 상승하거나, 고용시장의 열기가 좀처럼 식지 않는 상황에서 인플레이션은 떨어지기 어렵다. 매달 발표되는 CPI와 Core CPI, PCE 수치에 따라 전 세계 금융시장이 요동치는 이유다. 참고로, Core CPI는 변동성 높은 음식료와 에너지를 제외한 것이며, 연준이 중요시하는 PCE는 CPI와 비교할 때 특히 후행지표인 주거비 비중(15.8% vs. 32.4%)이 크게 낮은 반면, 의료·운송 서비스 비중(18.4% vs. 12.0%)은 높다.

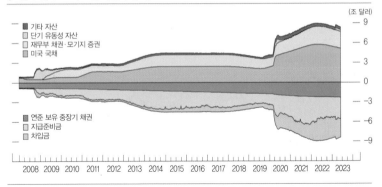

〈그림 1-6〉 FRB의 보유 자산과 부채

(조 달러)

- 기타 자산
- 단기 유동성 자산
- 재무부 채권·모기지 증권
- 미국 국채

- 연준 보유 중장기 채권
- 지급준비금
- 차입금

2008 2009 2010 2011 2012 2013 2014 2015 2016 2017 2018 2019 2020 2021 2022 2023

* 연준의 양적 완화나 긴축 등의 재정정책에 따라 보유 자산과 부채의 변동이 발생함. 2023년 말 연준의 보유 자산 규모는 8조 달러 수준

자료: FRB

'인플레이션 파이터'로 불렸던 폴 볼커(Paul Adolph Volcker)는 1979년 7월 FRB 의장에 취임하여 그해 10월에는 긴급 FOMC를 통해 한 번에 금리를 무려 400bp(11.5%에서 15.5%)까지 올렸다. 이후 1981년까지 기준금리를 19%까지 끌어올리고 나서야 겨우 인플레이션을 잡을 수 있었다. 그러나 그 후폭풍으로 미국 중소기업의 40%가 도산했고, 실업률은 10%를 넘어설 정도였다. 1년 동안 매우 가파른 금리 인상을 이어온 FRB와 제롬 파월 연준 의장의 고민이 깊어지는 부분이다.

다행스럽게도 2023년 하반기를 지나며 PCE 지표는 빠르게 하락세에 접어들었다. 2023년 6월 4.1%까지 하락했던 Core PCE는 9월에 3.7%, 11월에 3.5%까지 하락했다. 금융시장도 이러한 부분을 반영하기 시작했다. JP모건의 제이미 다이먼(Jamie Dimon) 회장은 기준

금리가 7%까지 올라갈 수 있다고 경고하기도 했지만, 미국의 10년물 국채 금리는 2023년 10월 말 16년 만에 5%를 상향 돌파했다가, 이를 정점으로 하락세에 접어들었다.

헤지펀드계의 거물인 빌 애크먼(Bill Ackman)은 2023년 8월 미 국채 30년물이 5.5%까지 상승할 수 있다며 금리 상승에 베팅했는데, 10월 말 그의 쇼트(short) 포지션 청산 소식이 들리자 금융시장은 환호했다. 미 연준은 2023년 12월 금리 발표 이후 FOMC 성명에서 2024년 기준금리 전망을 목표치 4.6%로 하향하며, 세 차례 금리 인하를 시사했다. 파월 의장 역시 기자회견에서 금리 사이클이 고점에 있거나 고점에 근접했다고 인정하는 등 돌연 '비둘기파'적인 입장으로 선회했다.

그러나 2024년 연초를 지나면서 다소 상황이 바뀌었다. 특히 CPI 등 인플레이션 거품이 여전히 높게 나타나면서 2024년 3월 연준의 금리 인하 가능성은 다시 낮아졌다. 더구나 미국의 대선을 앞두고 공화당 후보인 트럼프는 연준의 선제적인 금리 인하를 경고하고 나섰다. 그럼에도 불구하고 2024년 2분기를 지나며, 특히 연준이 중요하게 여기는 인플레이션 지표인 PCE가 낮아질 것으로 예상된다. 따라서 연준은 2024년 5월 이후에는 금리 인하를 재개하는 등 완화적인 통화정책으로 갈 것으로 판단된다.

〈그림 1-7〉 FOMC의 정책금리 전망 변화(2023년 12월)

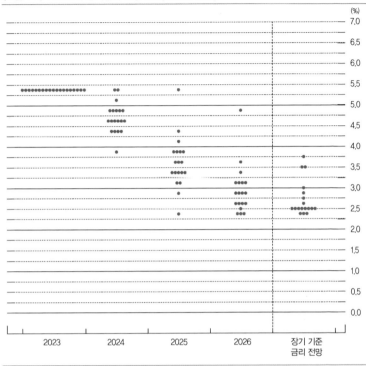

* FRB 참여자들이 전망하는 향후 정책금리. 2025년 정책금리의 중간값을 3.5%로 전망하고 있다
자료: FRB, 경제 전망 요약(2023년 12월)

포드는 어떻게 인플레이션을 극복했나

인플레이션이 발생하고 경제가 어려워지면 대부분의 기업은 어려움을 겪는다. 하지만 역사를 돌아보면 이를 잘 극복한 사례들을 찾아볼 수 있다. 특히 기술혁신을 주도하는 글로벌 선도기업들은 생산성 혁신과 수직계열화(제품 생산부터 판매까지 공급 사슬을 전반적으로 각 분야의 계열사로 구성한 것) 등을 통해 제조비용을 낮추고, 가격경쟁력을 강화하는 데 집중했다.

1900년대 초반에도 인플레이션이 경제성장률을 앞선 상황이 10년 이상 지속됐다. 당시 포드는 현대적인 대량생산 체제를 통한 생산성 혁명으로 자동차 가격을 크게 낮춤으로써 자동차를 대중화시킬 수 있었다. 이와 비슷한 상황은 1970년대에도 일어났다. 당시 엑슨모빌은 인수합병을 통한 업스트림(upstream, 원유 탐사·생산) 수직계열화를 통해 급성장하며 글로벌 최고의 기업으로 성장했다. 한편 반도체 시

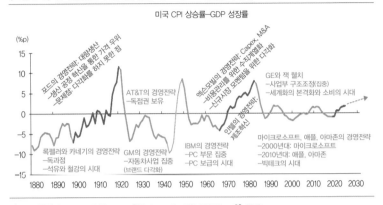

〈그림 1-8〉 물가상승률과 경제성장률 비교·주요 기업들의 경영전략 사례

미국 CPI 상승률-GDP 성장률

자료: KB증권, Samuel H Williamson, "What was the US GDP Then?", 2019

장에서 혁신을 주도해 왔던 인텔은 '무어의 법칙(Moore's Law, 반도체 집적회로의 성능이 24개월마다 2배로 증가한다는 법칙)'으로 일컬어지는 지속적인 생산성 향상과 제조혁신을 통해 CPU 시장을 장악하며 글로벌 반도체 기업의 최강자로 급성장하기 시작했다.

100년 전 포드가 구현했던 생산성 혁명을 오늘날 테슬라가 재현해 나간다고 볼 때, 인플레이션이라는 경제 환경의 공통점이 존재한다는 것은 상당히 흥미로운 부분이다.

1913년, 포드가 컨베이어 벨트를 도입하여 하이랜드파크 공장에서 대량생산의 기틀을 마련하자, 미국 자동차 업계에는 일대 지각 변동이 일어났다. 당시 포드가 모델T 한 대를 만드는 데 2시간 40분이 걸렸는데, 그 전까지는 무려 12시간 넘게 걸렸다고 한다. 1910년 초 자동차 한 대 가격은 2,000달러 수준이었기 때문에 포드가 모델T를 850달러에 내놓자 그야말로 날개 돋친 듯 팔려나갔다. 1912년 연간

6만 9,000대에 불과했던 생산량이 1917년에는 그 10배가 넘는 78만 5,000대로 늘어났고, 1923년에는 무려 200만 대를 넘어섰다. 1920년대 모델T의 가격은 300달러 이하로 더 낮아졌다.

생산성 혁명을 통한 파괴적인 가격경쟁력은 자동차 업계의 구조조정으로 이어졌다. 1920년대 미국에는 대략 60~70개의 자동차 메이커가 있었는데, 1940년대에는 20여 개로 줄어들었다. 리처드 스노(Richard Snow)가 집필한 헨리 포드 평전의 제목 '내가 현대를 발명했다(I Invented the Modern Age)'처럼, 포드는 제조업의 새로운 세기를 열었던 것이다.

1930년 이후 포드는 미국 자동차 시장에서 GM에게 1위를 내줬지만, 오늘날까지 연간 150~200만 대의 자동차를 판매하면서 GM, 크라이슬러(현 스텔란티스)와 함께 미국 자동차 업계 빅3로서 여전히 명성을 이어가고 있다.

포드의 데자뷔, 테슬라의 폭발적 생산성의 비결

니콜라 테슬라(Nikola Tesla)는 19세기 말에서 20세기 초 전자기학을 혁명적으로 발전시킨 천재 과학자이자 발명가다. 그의 발명품은 교류전기에 기초한 수력발전소, 엑스레이, 무선통신, 라디오, 텔레비전, 형광등, 레이더 등 이루 헤아릴 수 없을 정도다. 그의 이름을 딴 테슬라(Tesla Motors)는 혁신을 만들어냈다는 점에서 100년 전의 포드와 아주 유사하다. 심지어 모델S, 모델3, 모델X, 모델Y 같은 차 이름도 포드의 모델T를 연상케 한다.

오늘날 전 세계 자동차 기업들은 테슬라의 행보에 촉각을 곤두세우고 있다. 과거 포드가 그랬듯 생산성 측면에서 지각 변동을 일으키고 있기 때문이다. 물론 1960~1970년대에도 포드의 생산 방식을 극복하려는 시도들이 있었고, 실제로 토요타는 JIT(Just In Time) 생산, 그리고 최고의 품질관리를 상징하는 TPS(Toyota Production System)를 통

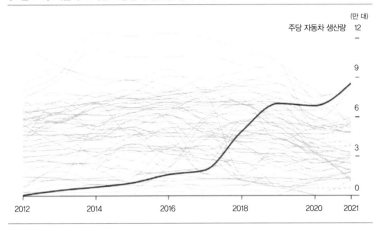

(만 대)
주당 자동차 생산량 12

자료: 〈블룸버그〉, Just Auto, China Automotive Information Net, Company data

해 제조혁신의 표본이 되기도 했다. 그러나 테슬라의 혁신은 토요타의 혁신과는 분명 결이 다르다.

2022년 캘리포니아주에 있는 테슬라 프리몬트(Fremont) 공장은 한 주에 8,550대를 양산하며 북미 자동차 공장 중에서 생산성 1위에 등극했다. 토요타의 켄터키주 조지타운 공장(8,427대/주), BMW의 사우스캐롤라이나주 스파르탄버그 공장(8,343대/주), 토요타의 인디애나주 프린스턴 공장(8,200대/주)이 그 뒤를 이었다. 토요타 조지타운 공장 면적이 테슬라 프리몬트 공장의 2배에 달하니, 면적당 생산성은 토요타가 테슬라의 절반 수준이라는 얘기가 된다.

전기차 전문 매체들은 테슬라의 선전을 이렇게 분석했다.

"코로나로 인해 대부분의 자동차 업체들이 공급망 이슈를 겪었는데, 테슬라는 오히려 생산량을 늘렸다. 테슬라는 글로벌 공급망을 가장 앞서서 수직계열화하고 있고, 주요 부품을 자체적으로 개발할 수 있는 능력을 갖추고 있기 때문이다." 또한 "지난 수십 년 동안 GM, 포드 등 이른바 빅3가 지배해 온 미국 자동차 업계에서 테슬라가 생산성 1위를 차지한 것은 불과 몇 년 전까지만 해도 상상할 수 없었던 일이다. 미국 자동차 제조 업계에 커다란 지각 변동이 일어나고 있음을 시사하는 대목"이라고 의미심장하게 평가했다.

테슬라가 2018년 프리몬트 공장에서 모델3의 대량양산을 셋업하는 과정은 결코 순탄치 않았다. 소위 생산 지옥(Production Hell)을 겪으면서는 몇 주 동안이나 공장 가동을 중단해야 하기도 했다. 일론 머스크는 주당 5,000대 생산을 자신했지만, 한 분기에 몇만 대밖에 인도하지 못하자 파산 가능성마저 제기됐다.

테슬라는 기가팩토리(Gigafactory)에 수많은 로봇 군단을 활용하고 있다. KUKA 같은 거대 운반로봇, 스탬핑(Stamping) 공정에 쓰이는 3D 형상 프레스와 레이저 절단 로봇, 차체 제작(Welding) 공정에 쓰이는 조립로봇 등이 대표적이다. 폭스바겐이 전기차 한 대를 생산하려면 30시간이 걸리는 데 반해 테슬라는 10시간밖에 소요되지 않는다고 한다. 정말 어마어마한 생산성 격차다.

AIVS(자율주행 이송로봇)

거대 운반로봇

스탬핑(프레스)

용접

페인팅

스마트 무브

자료: 〈비즈니스 인사이더〉, 〈와이어드〉

기하급수적 성장으로 이어지는 혁신

테슬라는 생산 규모를 계속 키워나가고 있다. 2012년 연간 2,650대를 판매한 스타트업에 불과했던 테슬라는 2017년 10만 대, 2018년 25만 대, 2020년 50만 대, 2022년 130만 대, 2023년 180만 대를 판매했다. 놀라운 성장 속도다.

'테슬라팩토리'로 불리는 프리몬트 공장은 2010년 토요타·GM(합작공장)으로부터 인수한 이후 확장을 거듭해 현재 연간 60만 대의 자동차를 생산할 수 있다. 2019년 준공한 기가상하이는 연간 50만 대를 생산할 수 있으며 기가베를린도 동일한 규모다. 최근 가동에 들어간 기가텍사스의 생산 규모는 그 2배가 넘는 연간 120만 대다.

그런데 멕시코에 건설될 것으로 예상되는 기가팩토리의 생산 규모는 무려 연 240만 대로 추정된다. 테슬라는 새로운 공장을 지을 때마다 캐파(Capacity)를 증가시키는 스케일업(Scale-up) 전략을 추구하고

〈그림 1-11〉 테슬라 기가텍사스 전경

자료: 테슬라

있는 것이다. 2024년 말 200만 대를 시작으로 연평균 35% 성장한다면, 2030년 2,000만 대라는 테슬라의 생산 목표는 전혀 불가능한 것이 아니다. 더구나 전기차 시장 자체가 앞으로 10년 동안 연 50% 이상 성장할 것으로 전망되지 않는가! 기하급수적인 성장을 지속하고 있는 테슬라는 성장전략 측면에서 100년 전 포드의 데자뷔일 뿐만 아니라, 오히려 넘어서는 느낌이다.

테슬라의 생산성 혁명은 전방위적으로 진행되고 있다. 기존 배터리 대비 에너지 밀도가 높고 제조비용이 낮은 4680 배터리의 개발과 도입을 통해 전기차 배터리의 효율을 증대하고, FSD(Full Self-Driving) 칩과 도조(Dojo) 컴퓨팅 시스템을 통해 자율주행 시스템 체계를 구축하는 것은 다른 전기차 제조 업체들이 쉽게 따라오지 못하는 부분이다. 특히 기가프레스(Giga Press) 장비는 전형적인 자동차 제조의 틀에

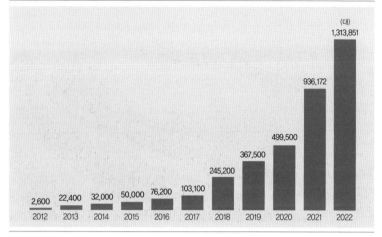

〈그림 1-12〉 테슬라의 전기차 판매량 추이

(대)

연도	판매량
2012	2,600
2013	22,400
2014	32,000
2015	50,000
2016	76,200
2017	103,100
2018	245,200
2019	367,500
2020	499,500
2021	936,172
2022	1,313,851

자료: 테슬라, 스태티스타(Statista)

서 벗어나는 새로운 시도라는 점에 주목할 필요가 있다. 8,000톤급 기가프레스로 70여 개 부품으로 구성된 리어 섀시(Rear Chassis, 후면 차체)를 알루미늄 합금으로 된 단 하나의 부품으로 성형하는데, 이를 통해 비용은 40%, 무게는 30% 줄였다. 기존 섀시는 70개 부품을 용접하는 데 1시간이 소요됐으나 기가프레스는 2분 만에 찍어낸다. 더구나 전 세계적으로 기가프레스를 생산하는 회사는 IDRA 등 두세 곳 정도밖에 없다. 또한 기가프레스 소재로 사용되는 알루미늄 합금은 테슬라가 스페이스X 개발 과정에서 자체적으로 확보한, AA386이라는 특허 물질로 알려져 있다.

기가텍사스는 기존 공장들과 완전히 다르게 설계하고 전혀 새로운 방식으로 운영될 계획이다. 프리몬트 공장은 어셈블리, 스탬핑, 페인

자료: IDRA

팅, 검사 등의 생산라인이 수평적으로 펼쳐진 일반적인 자동차 공장의 구조로 되어 있다. 그런데 기가텍사스는 배터리 셀 제조부터 최종적인 전기차 생산까지 한 건물 내에서 모두 이루어지도록 설계됐다. 창의적인 공간 설계를 통해 효율성을 극대화한 것이다.

예를 들면, 기가텍사스 4층에서 만든 배터리 셀을 중력을 이용하여 3층의 배터리 팩 라인으로 떨어뜨린다. 그런 다음 다시 2층 전기차 조립 라인으로 투입하는 독특한 방식이다. 즉 전기차 제조 서플라이 체인 자체를 아예 하나의 공장에 전부 모아놓은 것이다. 테슬라는 프리몬트 공장도 조만간 2층을 올리면서 배터리 제조 라인을 추가하여 효율성을 높일 계획이다.

〈그림 1-14〉 기가팩토리 사이트 설계 구조의 변화(프리몬트 vs. 텍사스)

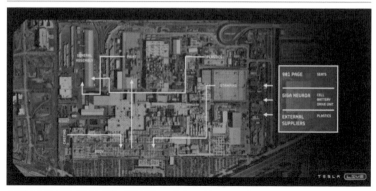

프리몬트 공장: 공정·공급 업체별로 여러 빌딩으로 사이트 구성

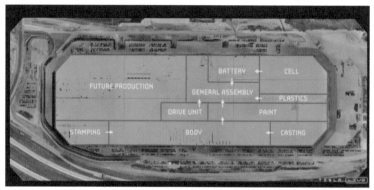

텍사스 공장: 모든 공정·공급 업체들이 하나의 빌딩에 통합됨

자료: 테슬라

7

테슬라의 독보적인 자율주행 기술력

자체 설계한 자율주행 칩

테슬라는 자율주행의 핵심이 되는 FSD 칩을 2014년부터 도입했고, 2016년에 HW 2.0부터는 자체 설계 개발에 착수했다. 두 번의 업그레이드를 거쳐 2019년 HW 3.0으로 완성도를 높였다. HW 3.0에는 2개의 FSD 칩이 탑재됐고, 1개의 FSD 칩은 병렬 처리를 하는 GPU 1개, 연산을 위한 CPU 12개(ARM의 쿼드코어 Coretex-A72 칩 3개), 영상 데이터의 연산을 위한 NPU(Neural Processing Unit) 2개, 저전력의 64bit LPDDR4 메모리 2개로 구성됐다. 카메라에 찍힌 영상들은 NPU의 SRAM에 데이터로 저장된다. NPU에서는 이를 3차원 영상으로 재구성(MACs array)하는데, 이를 NNA(Neural Networking Accelerator, 신경망 가속기)라고 부른다.

FSD 칩의 양산은 삼성전자의 14nm FinFET 공정에서 이뤄진다. 테슬라는 특히 값비싼 라이다를 없애고, 카메라 중심으로 자율주행을 구현하기 위해 FSD 칩과 컴퓨터를 직접 설계한 것으로 추정된다. 이에 비해 다른 전기차 업체들은 자율주행을 구현하기 위해서는 엔비디아나 퀄컴 등에 의존할 수밖에 없다.

테슬라의 자율주행 시스템은 인지를 담당하는 8대의 카메라와 레이더 4개의 ECU(Electronic Control Unit, 자동차 전자 제어 장치)에 장착된 컴퓨터(HW 3.0)를 통한 제어·판단 도조 컴퓨팅 시스템의 OTA(Over The Air) 업그레이드 등 통합적으로 설계·구현되었다. 전문가들은 이처럼 중앙집중적으로 체계화된 테슬라의 자율주행 시스템을 기존 자동차 업체들이 따라가려면, 최소한 3~5년 이상이 걸릴 것으로 예상하고 있다. 기존 자동차들의 전장화의 경우 오랜 기간에 걸쳐 단계적으로 진행돼 왔기 때문에, 기능에 따라 세분화된 ECU가 수십 개에 달하기 때문이다.

따라서 현존하는 자동차 업체들 중 테슬라만이 유일하게 SDV(Software Defined Vehicle)를 생산하고 있는 것이다. 스마트폰과 마찬가지로, SDV는 SW를 통해 모니터링, 제어, 업그레이드 등의 관리가 가능하다. 자동차 전문가들은 SDV가 되기 위해서는 궁극적으로 자동차 내부의 네트워크 설계가 기능(Domain) 중심에서 영역(Zone) 기반으로 바뀔 것으로 보고 있다. 이러한 자동차 설계 변화에 따라, 모듈식 차량 제조, HW 범용화, 배선 간소화, 업데이트·수리 등이 가능해지기 때문이다.

슈퍼컴퓨팅 체계를 통한 SDV 구현

테슬라 자율주행 시스템의 또 다른 차별점은 테슬라가 자체 개발한 슈퍼컴퓨터 도조 시스템에서 나온다. 도조는 수많은 차량으로부터 습득된 비디오 데이터를 사용하여 자율주행 능력을 향상시키는 신경망 학습을 수행한다. 테슬라는 역시 자체적으로 설계한 훈련 프로세서인 D1 칩[5] 25개로 하나의 훈련 타일(Training Tile)을 구성했다. 또한 6개의 훈련 타일과 10개의 CPU를 탑재해서 하나의 V1 도조 훈련 매트릭스(Dojo Training Matrix)를 만들었다.

CPU와 훈련 프로세서 간의 연결 프로세서(Dojo Interface Processor,

〈그림 1-15〉 테슬라의 자율주행 도조 시스템

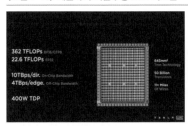
개별 도조 칩

훈련 타일의 세부 구성

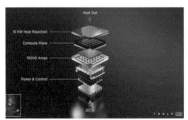
도조 칩으로 구성된 훈련 타일

도조 프로세서의 인터페이스

자료: 테슬라 AI 데이 2021

DIP)도 설계했는데, 여기에 32GB의 HBM이 들어간다. 도조 훈련 매트릭스 120개(D1 칩 3,000개)로 엑사포드(Exapod)라는 컴퓨팅 클러스터를 구성했는데, 이를 통해 20엑사플롭스(EFLOPS)[6]에 달하는 연산 수행이 가능하다.

이처럼 테슬라는 자율주행 기술의 개발에 남보다 앞서 엄청난 노력과 자본을 투입해 왔다. 다른 전기차 업체들의 자율주행 개발 속도는 예상보디 훨씬 더디다. 가장 큰 차이는 결국 태생의 한계에서 오는 것이 아닐까? 자동차 업체들은 자율주행 기술을 자동차 기술의 연장선상에서 구현하려고 했을 뿐, 테슬라와 같이 통합적인 컴퓨팅 시스템이라는 관점에서 접근하지 않았을 것이다. 따라서 엔비디아나 모빌아이 같은 테크기업들과 적극적으로 협력해 왔음에도 불구하고, 전장의 통합적인 재설계 단계에서는 훨씬 더 많은 기술적 난관에 봉착하고 있다.

비유하자면, 노키아의 휴대전화에 부품을 몇 개 추가한다고 해서 결코 스마트폰이 나올 수 없는 것이고, 처음부터 아예 스마트폰으로 설계를 해야 하는 것이다. 기존 자동차 기업들이 전기차 개발까지는 어찌어찌 따라잡았지만, 자율주행 기술을 구현하는 데는 테슬라와의 격차를 쉽게 좁히지 못하는 이유다. 어쩌면 더 소름 돋는 부분은, 테슬라의 이러한 SDV의 구현이 앞으로 펼쳐질 AI 혁신의 서막이며, 생성형 AI를 통해 더 큰 폭발력을 갖게 된다는 점이다.

CHAPTER_2

투자를 위해 알아야 할
AI 기업들의 전략

AI 투자 전쟁

생성형 AI의 인상적인 역량은 기업들에게 제품과
비즈니스 모델을 재구성해야 한다는 긴박감을 불러일으켰다.
기업들은 디지털화를 이루고 SW 기반의 기술기업으로
탈바꿈하기 위해 경쟁하고 있다.
파괴되지 않고 혁신하는 기업이 되기 위해서다.

———
젠슨 황

커넥톰(Connectome)이란 신경계에 있는 뉴런들 사이의 연결 전체를 일컫는다.
하나의 커넥톰이란 하나의 연결이나 여러 개의 연결이 아니라 연결들의 총체를 의미한다.
그리고 커넥토믹스(Connectomics)는 인간 역사의 전환점에 해당한다.

————————
승현준, 《커넥톰, 뇌의 지도》

AI 기술의 빅뱅, ChatGPT

5일 만에 사용자 100만 명 달성

2022년 11월 오픈AI가 발표한 ChatGPT(Chat Generative Pretrained Transformer)는 전 세계적인 반향을 일으키며 AI 상용화의 빅뱅이 됐다. 엔비디아의 젠슨 황 CEO는 지금이 바로 'AI 시대의 아이폰 모멘트'라고 말한다.

'생성형(Generative) AI'라는 단어는 더 이상 새롭지 않다. 사용자 100만 명을 돌파하는 데 페이스북은 10개월, 트위터는 2년이 걸렸지만, ChatGPT는 불과 5일밖에 걸리지 않았다. 출시한 지 두 달 후인 2023년 1월에는 월간 사용자 1억 명을 돌파했다. 골드만삭스는 AI로 파생되는 경제 효과가 향후 10년간 7조 달러에 이를 것으로 전망하고 있다. 오픈AI의 기업가치는 2023년 1월 마이크로소프트의 투자를

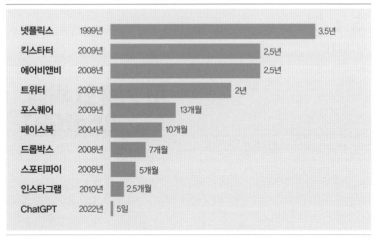

〈그림 2-1〉 각 서비스가 사용자 100만 명 달성에 걸린 시간

넷플릭스	1999년	3.5년
킥스타터	2009년	2.5년
에어비앤비	2008년	2.5년
트위터	2006년	2년
포스퀘어	2009년	13개월
페이스북	2004년	10개월
드롭박스	2008년	7개월
스포티파이	2008년	5개월
인스타그램	2010년	2.5개월
ChatGPT	2022년	5일

자료: 스태티스타

받으며 290억 달러, 최근에는 1,000억 달러에 달하고 있다.

그러나 가트너의 2023년 AI 하이프 사이클에 따르면, 생성형 AI와 파운데이션 모델은 현재 기대감의 정점에 서 있으며, 상용화 과정까지 당분간은 침체기를 지날 가능성도 제기된다. ChatGPT 출시 초기의 폭발적인 반응 이후 실제 사용자는 줄어드는 상황과 무관치 않을 것이다. 반면 컴퓨터 비전 기술이나 클라우드 AI 서비스 등은 침체기를 벗어나 안정적인 생산 단계에 본격적으로 진입할 것으로 전망하고 있다.

인간의 뇌에 근접한 높은 수준의 파라미터(Parameter, 매개변수)를 가진 LLM(Large Language Model, 대규모 언어 모델)을 기반으로 한 ChatGPT의 출현은 향후 AI 기술의 빅뱅이 분명하지만, ChatGPT 자체보다는 다양한 분야에 응용되고 확산돼야만 시리나 알렉사와 같은 전철을 밟지 않을 것이다. 다만, 최근 ChatGPT 기술은 멀티모달(Multimodal), 헬스케어, 광고, 금융 등 다양한 분야로 빠르게 확산되기 시작했다는 점에서 예상보다 빠르게 확장성을 확보해 나갈 전망이다. 특히 오픈 AI가 발표한 소라는 미디어 산업의 생산적 측면에서 일대 파란을 일으키고 있어 상당히 주목할 필요가 있다.

인간을 닮으려는 ChatGPT의 꿈

ChatGPT의 출발점은 2017년 구글이 발표한 논문 〈어텐션 모델이 가장 중요하다(Attention Is All You Need)〉에 제시된 트랜스포머 모델이다. 대규모의 데이터를 처리하는 딥러닝에서 인간이 학습하는 방식에서 착안한 어텐션[1]이라는 방식을 통해, 병렬 처리의 효율성은 높이면서도 연산량은 크게 줄이는 효과를 가져왔다. 기존의 RNN(Recurrent Neural Network, 순환신경망) 방식에서 발생하는 데이터 소실 현상을 피할 수 있음은 물론, 데이터의 연관성과 패턴을 수학적으로 찾아내기 때문에 데이터 라벨링이 필요 없어졌다. 즉 이미지 분석 등 딥러닝에서 주로 쓰이던 CNN(Convolutional Neural Network, 합성곱신경망)보다 뛰어난 학습 능력이다.

인간의 뇌에는 1,000억 개의 뉴런과 뉴런이 연결되는 100조 개의 시냅스가 존재한다. 최근 인지뇌과학 분야에서는 뉴런과 시냅스를 통한 이 총체적인 연결을 '커넥톰(Connectome)'[2]이라고 정의하며, 인

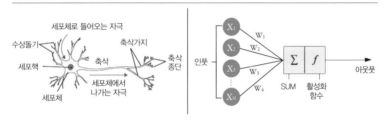

자료: 'Compute Trends Across Three Eras of Machine Learning', 제이 세비야(J. sevilla) 외

간의 정신, 기억, 성격 등이 커넥톰의 어떤 구조와 작동을 통해 이루어지는가에 대해 연구가 진행되었다.

컴퓨팅과 AI 기술의 궁극적인 발전 방향은 인간 뇌의 작동 구조와 원리에 다가서는 것이다. 병렬 처리에 집중하는 GPU 시장이 연산에 집중하는 CPU 시장보다 커졌고, 딥러닝에서 파라미터 숫자는 인간의 뇌에 존재하는 시냅스 숫자인 100조 개에 가까워지기 시작했다. 즉 AI 컴퓨팅 체계는 인간의 뇌 커넥톰과 유사한 메커니즘으로 구현된다는 의미다. 따라서 이론적으로는 딥러닝의 매개변수가 늘어날수록 병렬 처리의 효율성이 높아진다.

2018년 GPT-1은 매개변수가 1억 개였다. 2019년 GPT-2에서는 15억 개, 2022년 GPT-3에서는 1,750억 개로 늘어났다. 특히 GPT-3에서는 기존의 모델 아키텍처를 확장하여 깊고 넓은 신경망을 만들고, 분산된 컴퓨팅 자원으로 더 많은 데이터를 통해 학습함으로써 매개변수가 크게 증가할 수 있었다. 또한 사전에 학습한 데이터(Pre-trained Data, 사전훈련모델)를 바탕으로 연관성을 찾아 스스로 학습하는

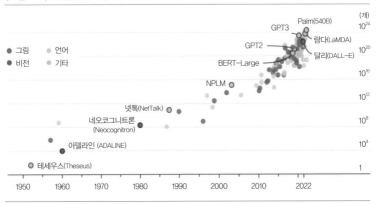

자료: www.researchgate.net

자기지도학습(Self-supervised Learning)을 적용했다. 이를 통해 문제 해결을 위해 주어진 예시가 적을 경우에도 미션을 잘 수행해 내는 퓨샷 러닝(Few Shot Learning)이 가능해졌다. GPT-3.5(Instruct GPT)에서는 자기지도학습의 약점을 보완하기 위해 사람의 피드백에 따르는 강화학습(Reinforcement Learning from Human Feedback, RLHF)이 도입됐다.

오픈AI는 2023년 3월 GPT-4를 발표했다. GPT-4의 파라미터 숫자는 공개되지 않았지만, 대략 1조 개 이상으로 추정된다. GPT-4는 글쓰기나 작곡 등 창의성 측면에서 개선이 됐고, 2,500단어 이상의 텍스트를 처리할 수 있어 콘텐츠 제작에 용이하다. 특히 이미지 입력까지 가능한 멀티모달 모델로서 활용성이 강화됐다.

2021년 트랜스포머 모델의 인코더 부분을 응용한 ViT(Vision Transformer)라는 이미지 학습 알고리즘도 추가됐다. 텍스트, 이미지, 음성 등 인간과 모든 커뮤니케이션이 가능한 멀티모달 생성형 AI는 서비스 확산성의 측면에서 잠재력이 크다.

AI가 그린 그림, AI가 쓴 기사

오픈AI가 2023년 11월에 발표한 GPT-4 터보는 매개변수가 1조 2,500억 개에 달하는 것으로 추산된다. 입력 가능한 크기 역시 GPT-4는 책 50페이지 분량, 3만 2,768토큰이었으나 GPT-4 터보는 책 300페이지 분량, 12만 8,000토큰으로 4배가량 증가했다. 또한 레퍼런스로 활용하는 데이터 세트를 GPT-4는 2021년 것을 사용했지만, GPT-4 터보는 2023년 4월로 업데이트됐다. 그럼에도 불구하고 GPT-4 터보의 가격경쟁력은 오히려 개선돼 입력당 0.01달러, 출력당 0.03달러로 GPT-4보다도 낮게 책정됐다.

마이크로소프트는 ChatGPT를 검색 서비스 빙(Bing)에 결합시켜 빙플러스(Bing+)로 리뉴얼했는데, 이후 실제로 검색 사용자 수가 증가하기 시작했다. 빙의 시장 점유율은 2~4%에 불과했으나, ChatGPT가 통합된 이후 10% 수준까지 증가했다. 이는 빙의 검색 광고 수익이 증가했다는 것을 뜻하므로 광고시장이 제로섬 게임이라면 구글의 검색 광고 수익은 감소할 수밖에 없을 것이다.

마이크로소프트는 2018년 깃허브(GitHub)라는 개발자 플랫폼을 무려 8조 원에 인수했는데, 2023년 3월에는 깃허브 기술을 적용하여 오피스365에 GPT를 결합시킨 AI 서비스를 론칭하면서 AI를 활용한 업무의 미래(The Future of Work with AI)라는 발표를 통해 본격적인 사업화에 박차를 가했다.

마이크로소프트 365 코파일럿은 인간이 컴퓨터로 일하는 방식과 콘텐츠의 생산성을 한 단계 업그레이드하며, AI 시대의 새로운 오피스365로 자리매김할 가능성이 높다. 특히 마이크로소프트와 ChatGPT의 파괴력은 기존 플랫폼과의 연동인 플러그인(Plug-in) 서비스를 통한 확장성에 있을 것이다. 마이크로소프트는 ChatGPT를 익스피디아(Expedia, 호텔 예약), 오픈테이블(OpenTable, 식당 예약), 재피어(Zapier, 업무 자동화) 등에 연동시켰고, 2023년 5월 '마이크로소프트 빌드 2023(Micosoft Build 2023)' 행사에서는 50개의 플러그인 서비스가 시작됐다고 발표했다. 결국 플랫폼 생태계의 가치는 연동되는 플러그인 서비스의 확산을 통해 가속화될 것이다. 향후 수년 내 플러그인 서비스는 수천 개의 규모로 기하급수적으로 늘어날 전망이다.

오픈AI, 마이크로소프트 등 원천기술을 가진 기업과 새로운 서비스를 구축한 기업들은 발 빠르게 유료화에 돌입했다. 언어 모델의 비용 측정을 위해 토큰(알파벳 4개)이라는 단위가 도입됐고, 1k 토큰(한국어 500~600자, 영어 800단어)에 2센트를 지불한다. 이미지 모델은 해상도에 따라 이미지 생성 비용을 지불한다. 예를 들면 1,024×1,024 이미지당 2센트를 지불한다. API(Application Programming Interface)의 무료 사용은 시간을 제한시키고, 에이다(Ada, 텍스트 해석과 분류 등), 배비지(Babbage, 직관적 업무 수행), 다빈치(Davinci, 가장 뛰어난 자연어 생성 및 이해), 퀴리(Curie, 다빈치의 저가형 버전) 등 다양한 API에 대해 학습 비용과 사용 비용을 책정했다.

미드저니　　　　달리2　　　　스테이블 디퓨전

AI 플랫폼들이 만들어낸 가상의 사진들:
1969년의 달 착륙을 할리우드의 스튜디오에서 만들어낸 것처럼 우주인, 무대, 조명 등으로 구성한 것

자료: 〈AI 뉴스〉 라이언 도스(Ryan Daws)

ChatGPT를 활용한 새로운 AI 툴과 서비스를 제공하는 회사들이 빠르게 늘어나고 있다. 재스퍼(Jasper)는 광고, 이메일, 기사 등의 콘텐츠를 생성할 수 있는 AI 카피라이터 서비스를 제공하고 있다. 재스퍼는 전 세계 24개 언어를 인식할 수 있으며, 월 구독료 29달러 혹은 59달러에 서비스를 제공한다.

미드저니(Midjourney), 스태빌리티 AI(Stability AI) 등은 달리 2(DALL-E 2) 서비스와 마찬가지로 텍스트를 입력하면 자동으로 그래픽과 이미지를 생성할 수 있다. 콜로라도 미술전에서 1등을 수상해 논란이 됐던 제이슨 앨런(Jason Allen)의 〈스페이스 오페라 극장〉이 바로 미드저니를 통해 그린 그림으로 알려져 있다.

일레븐랩스(Eleven Labs)는 음성 복제와 이를 통한 다양한 콘텐츠 제작이 가능하다. 한편 루마 AI(Luma AI)의 지니(Genie) 모델은 '텍스트 투 3D(Text to 3D)' 모델을 통해 간단한 텍스트 명령어로 3D 모델을 생성하거나, 스마트폰으로 촬영한 영상에서 특정한 사물을 3D 이미지로 구현할 수 있다.

AI를 통한 콘텐츠 분야에서의 혁명은 이제 시작일 뿐이다. 시장조사기관인 그랜드뷰리서치(Grand View Research)에 따르면, 전 세계 생성형 AI 시장 규모는 2022년 100억 달러에서 2030년에는 1,000억 달러를 넘어설 전망이다.

2

코드 레드,
흔들리는 구글의 지배력

저물어가는 검색의 시대

전 세계적으로 ChatGPT의 돌풍이 일자 구글의 순다르 피차이 CEO
는 '코드 레드(Code Red)'를 발령했다. 2017년 트랜스포머 모델을 통
해 GPT 탄생에 초석을 놓았던 구글의 입장은 그야말로 "아뿔싸!" 하
는 심정이었을 것이다. 구글이 준비는 다 하고 있었지만 윤리적인 이
슈 때문에 사업화 시기를 미뤘다는 이야기들은 냉정한 비즈니스 세
계에서는 다 부질없는 소리일 뿐이다. 기술이 급변하는 시기에 혁신
의 변곡점을 놓친다면 아무리 최고의 선두기업이라도 살아남기 어렵
기 때문이다. 아이폰의 출현과 함께 2012년 코닥이 파산했고, 2013
년에는 노키아의 휴대전화도 역사 속으로 사라져버렸다.

2023년 오픈AI의 ChatGPT의 출현을 바라보는 구글의 심정은

1998년 구글 창업 당시 마이크로소프트의 마음과 흡사할지도 모른다. 하필이면 마이크로소프트가 오픈AI의 대주주라는 점에서 구글은 생각이 더욱 많아질 수밖에 없을 것이다. 구글 역시 '코닥 모멘트'에 빠질 가능성을 배제할 수 없는 것이다. 분명한 점은 ChatGPT의 이 'AI의 시대'에 구글이 열었던 '검색의 시대'는 저물어가고 있다는 것이다.

AI 시대, 구글의 딜레마

2023년 2월에 구글은 생성형 AI 모델인 바드(Bard)를 선보였다. 2년 전에는 대화형 애플리케이션 언어인 람다(LamDA, Language Model for Dialogue Applicatio)를 공개한 바 있고, 바드는 람다를 기반으로 개발됐다. 그러나 구글의 마음이 급했던 탓이었을까? 충분한 테스트 과정을 거칠 여유도 없었을까? 람다를 시연하는 과정에서 나온, 제임스 웹 망원경에 대한 질문에 오답을 하는 바람에 알파벳의 주가는 급락한 바 있다.

ChatGPT와 바드는 어떤 차이점이 있을까? 구글의 논문 〈어텐션 모델이 가장 중요하다〉에 나오는 트랜스포머 모델의 다이어그램을 보자(〈그림 2-5〉). 알고리즘은 인코더(Encorder, 그림 좌측)와 디코더(Decorder, 그림 우측)라는 2개의 구조를 통해 구현된다. ChatGPT는 주어진 질문에 대해 출력단이 되는 디코더를 중심으로 결과를 내놓는 방식이다. 반면 바드는 입력단인 인코더 중심으로 작동하는 모델이

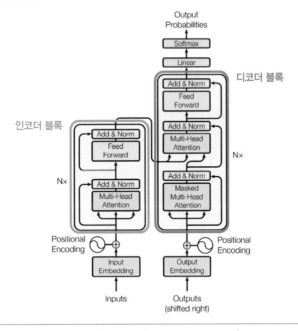

자료: 구글 논문 〈어텐션 모델이 가장 중요하다〉

다. 따라서 학습과 예측 방식에 있어서도 차이가 있다.

ChatGPT는 대규모 언어 모델링(Large Language Modeling, LLM) 기반으로 텍스트 데이터를 학습하고, 이를 통해 가장 근접한 결과는 내놓는다. 반면 바드는 학습한 데이터를 바탕으로 입력된 문장이 뜻하는 정답을 계산하여 맞히는 방식을 사용한다. 또한 ChatGPT는 프로그래밍 언어에 대한 방대한 데이터를 학습시켜 HTML, JAVA, C++ 등 다양한 코드 작성이 가능한 반면, 초기 버전의 바드에서는 코드를 작성할 수 있는 기능이 없었다.

구글의 바드 출시는 경쟁의 관점에서는 불가피한 선택일 것이다. 구글은 2023년 5월 바드의 AI 챗봇 서비스를 전 세계 180국에서 론칭했다. 파라미터는 5,300억 개로 GPT-3.5의 3배에 달한다. 최신 대규모 언어 모델인 PaLM2(Pathways Language Model 2)를 활용하여 100개 이상의 언어를 제공한다. 특히 한국어와 일본어를 제2언어로 우선 지원할 계획이다. 또한 과학과 수학에서의 추론은 물론 기존에 제공하지 않던 코딩 기능까지 추가했다. 바드에는 최근 사용자가 증가하고 있는 '구글 렌즈'의 기능을 활용하여 시각 분석 및 이미지 제공 기능도 포함됐다.

2023년 12월에는 구글의 제미나이 1.0(Gemini 1.0)이 공개됐다. 오픈AI가 2023년 11월 GPT-4 터보를 발표하며 바람몰이를 이어가자, 더 이상 뒤처져서는 안 된다는 위기감이 팽배했을 것이다. 제미나이는 텍스트는 물론 음성, 이미지 등 다양한 데이터를 처리할 수 있는 멀티모달 기능의 차별성에 중점을 두고 있다. 특히 GPT-4 터보의 멀티모달 기능이 이미지나 영상 파일로만 인식이 가능한 반면, 구글의 제미나이는 인간의 행동을 관찰하고 이에 따라 추론하는 것이 가능하다. 게다가 제미나이는 수학, 물리학, 의학, 역사 등 대규모 다중 언어를 이해하는 테스트에서도 90%의 높은 점수를 받아, 인간 전문가를 넘어서는 것으로 평가되고 있다. 다만, 최근에는 제미나이 역시 정확하지 않은 답변 사례 등이 나타나고 있어 일각에서는 CEO인 순다르 피차이가 사임해야 한다는 의견마저 제기되고 있다.

구글의 문제는 AI 모델에서 광고 비즈니스 모델을 어떻게 구축할

응용 계층	텍스트	코드	이미지	스피치	비디오	3D	기타
마케팅(콘텐츠)							게임
매출		코드 생성	이미지 생성				로봇 자동화
지원		코드 문서화	소비자·소셜				음악
일반 작문		코드 변환	미디어·광고		영상 편집·생성	3D 모델링·장면	오디오
노트		앱 구축	디자인	음성 복제			생물학·화학
기타							

모델 계층	텍스트	코드	이미지	스피치	비디오	3D	기타
	오픈AI GPT-3	오픈AI GPT-3	오픈AI 달리2	오픈AI	마이크로소프트 X-CLP	드림퓨전	TBD
	딥마인드 고퍼	탭나인	스테이블 디퓨전		메타 Make A Video	엔비디아 GER3D	
	페이스북 OPT	스태빌러티 AI	크레용			MDM	
	허깅 페이스 블룸						
	코히어						
	앤스로픽						
	AI2						
	알리바바 안덱스						

자료: 세쿼이아캐피털(Sequoia Capital)

것인가 하는 부분일 것이다. 마이크로소프트는 검색 광고 시장에서 잃을 것은 크게 없기 때문에, GPT를 접목한 검색 사이트 빙플러스와 오피스의 기능을 발전시키는 코파일럿(Copilot)의 상용화에 박차를 가해도 전혀 문제가 없다. 그러나 2023년 1분기 구글의 글로벌 검색 시장 점유율은 2022년 말 기준으로 85%로 검색 광고 매출이 총 545억 5,000달러(유튜브는 66억 9,000달러)에 달한다.

구글은 이러한 딜레마를 과연 어떻게 풀어나갈까? 생성형 AI 비즈니스 모델에서 마이크로소프트(오픈AI)와 경쟁하면서도 검색 광고 비즈니스를 유지하고 성장시키는 것이 가능할까?

3

메타와 아마존의
AI 전략 비교

오픈소스 vs. 애플리케이션

마이크로소프트가 오픈AI와 함께 시장 선점 효과를 극대화하기 위해 폐쇄적인 유료화 전략을 발 빠르게 추진하는 것과 달리, 메타는 2023년 7월에 라마2(Llama2)를 무료 서비스로 공개해 버렸다. 라마는 매개변수가 70억 개, 130억 개, 650억 개 등으로 GPT에 비하면 적다. 하지만 학계를 중심으로 활발하게 연구에 활용되면서 다양한 파생 모델의 탄생에 기여하는 동시에 상업화도 빨라지게 됐다.

라마2는 사전 학습에서 저품질, 중복 데이터들은 제외하며 트랜스포머를 이용하되, GPT의 어텐션과는 다른 방식(Normalization, 제곱평균제곱근)을 사용하고 매개변수가 적어 컴퓨팅 파워가 적게 소모되고 반응 속도가 빠르다는 장점을 갖고 있다. 매개변수 70억 개의 라마2 모델은 서버를 통하지 않고 스마트폰 내에서 구동할 수 있다. 마이크로소프트도 애저(Azure) 클라우드를 통해 라마2를 우선 배포하며 확장을 지원하기 시작했다.

메타는 또 2023년 8월에는 코드 생성 AI인 코드 라마(Code Llama)를 오픈소스로 공개했다. 매개변수 70억 개, 130억 개, 340억 개의 세 가지 모델이다. 코드 라마는 인간의 언어(영어)와 컴퓨터의 언어를 모두 이해할 수 있으므로 자연어를 코드로, 코드를 자연어로 변경할 수 있다. 따라서 개발자들의 워크 플로우를 보다 빠르고 효율적으로 변화시킬 전망이다.

코드 라마는 1만 6,000개의 토큰 시퀀스로 학습되었고, 최대 10만 개의 토큰으로 입력해도 결과를 낼 수 있다. 한편 파이썬(Python), C++, 자바(Java), PHP 등 다양한 코드 언어 대부분을 지원한다. 그동안 SW 엔지니어들에게 매우 단순하고 반복적이었던 작업들이 사라지게 된다면 어떨까? 효율성이 높아진 만큼 의미 있는 혁신들을 추구할 수 있는 토대가 마련된 것으로 볼 수 있지 않을까. 이제 코딩 자체보다는 창의력이 더 중요하게 된 것이다.

한편 아마존은 2023년 9월 AI 스타트업 앤스로픽(Anthropic)에 12억 5,000만 달러를 투자하고, 향후 최대 40억 달러를 투자할 계획이라고 밝혔다. 앤스로픽은 오픈AI 출신인 다리오 아모데이(Dario Amodei) 남매가 2021년에 창업한 회사로 오픈AI의 강력한 경쟁자로 평가받고 있다. 아마존의 투자를 받기 이전에도, 앤스로픽은 구글과 세일즈포스, SKT 등에서 투자를 받은 바 있다.

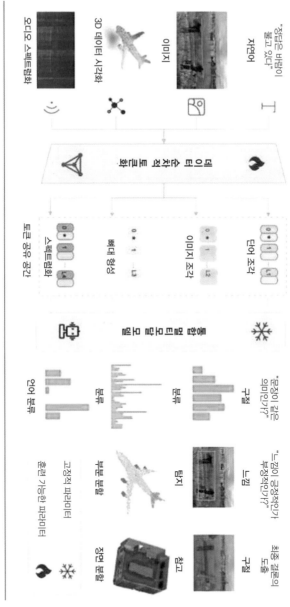

자료: 나무위기

앤스로픽은 클로드(Claude)라는 AI 비서(챗봇) 서비스를 제공하고 있는데, 이 서비스는 아주 긴 분량의 문서를 요약, 정리하는 데 특화돼 있다. 클로드는 수백 페이지에 달하는 단어를 한 번에 입력하거나 책의 내용을 요약해서 설명할 수 있으며, 법률문서 검토나 기술논문 요약, 기업 재무제표 분석 등에도 활용이 가능하다.

2023년 11월 공개한 클로드2.1은 한 번에 최대 20만 개의 토큰을 소회할 수 있어, 이론적으로 오픈AI의 GPT-4 터보와 비교할 때 1.6배 더 많은 데이터를 처리할 수 있다. 흥미로운 부분은 오픈AI가 앤스로픽에 합병을 제안했으나, 공교롭게도 클로드2.1을 공개한 날에 이를 거절했다고 한다.

AWS는 앤스로픽이 제공하는 생성형 AI 모델을 기반으로 생성형 AI 애플리케이션을 구축할 수 있는 서비스(Amazon Bedrock)를 제공할 계획이다. 따라서 아마존의 AI 전략은 마이크로소프트나 구글과 같이 생성형 AI 모델 개발 경쟁에 직접 뛰어들기보다는 개발된 모델을 바탕으로 애플리케이션 고도화에 초점을 맞추고 있는 것으로 판단된다.

〈표 2-1〉 GPT-4와 클로드2의 특징과 성능 비교

특징/역량	GPT-4	클로드2
개발	오픈AI	앤스로픽
강점	문장 생성, 코딩, 문제 해결	수학, 안정성, 도덕성
문장 길이	3만 2,000토큰	10만 토큰
활용성	공공 API, ChatGPT+	월 20달러의 클로드 프로
가격	1,000토큰당 6센트에서 시작	100만 토큰당 1달러 63센트에서 시작
벤치마크 참고	GRE 최고 점수, 헬라스와그	GRE 작문, 수학 시험
오류 축소	훈련 데이터 필터링	훈련된 AI로 제한
피드백 통합	훈련 이후 통합	훈련 중 통합
적용 케이스	ChatGPT, 코파일럿, 마케팅 관련	수학, 법률 분석, 내용 수정
문장 생성	200개 이상의 언어 지원, 자연스럽지 않은 구어	10개의 언어, 자연스러운 구어
코드 생성	높은 수준의 코드 생성, 마이크로소프트와 깃허브에서 사용	기존 코드의 최적화, 버그 제거
처리 분야	복잡하고 다양한 분야의 업무	단순하지만 내용이 많은 업무
GRE 읽기	93%	86%
GRE 쓰기	89%	96%
수학 테스트(GSM8K)	83% 정확도	88% 정확도
코딩 시험 (Human eval Phython)	67%	71%
추론	높은 스코어	GPT-4 대비 낮은 스코어

자료: www.Akkio.com

중국 AI 산업의 성장과 한계

통제받는 AI라는 딜레마

전 세계에 휘몰아친 ChatGPT의 돌풍은 중국에도 영향을 미쳤다. 2023년 3월, 중국의 대표적인 AI 기업인 바이두는 서둘러 어니봇(Ernie Bot) 시연에 나섰다. 그러나 실시간 시연이 아니라 사전 녹화된 자료를 통해 어니봇에 대한 설명을 하자, 기대감에 급등했던 주가는 실망감으로 급락한 바 있다. 그러자 바이두는 어니봇 시연을 생중계할 계획을 밝혔다. 하지만 행사가 돌연 취소되면서 주가는 다시 한 번 하락했다.

어니봇은 바이두의 대규모 언어 모델 원신(文心)을 기반으로 만들었다. 2021년 10월에 출시한 어니 3.0 타이탄의 매개변수는 2,600억 개로 ChatGPT보다 많다. 문학 창작, 상업용 문서 작성, 수학 및 논리적 계산, 중국어 이해, 멀티모달 등 다섯 가지 기능을 갖추고 있으며, 텍스트뿐만 아니라 음성 인식을 통해서도 질문과 답변이 가능하다. 그런데 대답하지 못하는 질문이 있었다. 바로 "중국이 민주주의 국가인가요?"라는 질문이었다. 어니봇은 이렇게 대답했다.

"이 질문에 답하는 방법은 아직 배우지 못했습니다."

그렇다면 ChatGPT는 뭐라고 대답했을까? 다음과 같이 아주 구체적인 답변을 했다.

"아니요, 중국은 민주주의 국가가 아닙니다. 중국은 중국공산당이 지배하는 사회주의 국가로서, 단일 정당 체제를 가지고 있습니다. 중국공산당은 중국에서 유일하게 법적으로 인정받는 정당이며, 중앙 정부와 지방 정부의 주요 결정에 큰 영향력을 행사합니다. 또한 중국의 정치 체제는 중앙집권적인 특징을 가지고 있으며, 시민의 개별적인 정치적 자유와 인권 보호에 제한이 있습니다. 중국에서는 인권 문제와 양식의 다양성, 언론의 자유, 집회와 결사의 자유 등에 제한이 있는데 이러한 요소들은 민주주의의 핵심 원칙과는 상반됩니다."

중국 사이버공간관리국(CAC)은 생성형 AI를 출시하기 전 정부의 보안 심사를 받아야 한다는 규제를 발표했다. 또한 생성형 AI가 사회주의적 가치를 담아야 하고 국가 권력에 반발해서는 안 된다는 가이드라인도 제시했다.

AI 반도체 조달에도 제약

문제는 이뿐만이 아니다. 미국 정부의 첨단 반도체 수출 통제로 인해 중국은 엔비디아의 GPU인 A100, H100 등을 수입하기가 불가능해졌다. A100은 H100과 비교할 때, 인공지능 학습 성능에서 3배 정도 차이가 난다. 엔비디아는 중국에 다운그레이드 버전인 A800, H800을 공급하기로 했는데, A800의 데이터 처리 속도는 A100의 70% 수준에 불과하다. 오픈AI가 ChatGPT를 학습시키는 데 1만 개 이상의 A100 반도체가 소요된다고 한다. 생성형 AI 훈련을 위해 GPU에만 1억 달러 이상의 투자가 필요하다. 바이두로서는 투자액이 2~3배 늘어나는 셈이다.

여러 가지 우여곡절에도 불구하고, 바이두가 2023년 8월 어니봇을 발표하자 시장의 반응은 폭발적이었다. 공개 후 24시간 동안 안드로이드 앱스토어에서 240만 회가 다운로드되고, 애플 앱스토어에서도 32만 회가 다운로드됐다. 생성형 AI 훈련을 위한 GPU는 엔비디아 것 외에도 화웨이가 개발한 910B 어센드(Ascend) AI 칩을 대규모로 주문한 것으로 알려졌다. 바이두 이외에 틱톡으로 잘 알려진 바이트댄스를 비롯해 텐센트, 바이촨인텔리전트(Baichan intelligent), 지푸AI(ZhipuAI) 등 11개 회사가 정부로부터 AI 서비스 승인을 받았다.

바이두를 비롯한 중국 테크기업들의 적극적인 AI 투자, 그리고 관련 반도체와 SW 기술 개발은 향후 중국 AI 산업 발전의 토대가 될 것이다. 중국의 산업정보기술부 산하 정보산업개발연구소(CCID)에 따르면, 전 세계 생성형 AI 시장은 2035년까지 12조 5,000억 달러에 달하는 경제적 가치를 창출하고, 중국이 그중 47%를 기여할 전망이다.

돌이켜보면 중국은 알리바바 등 전자상거래 인프라 구축에 있어서도 글로벌 시장에서 선두에 선 바 있다. 거대한 중국 시장을 바탕으로 알리바바와 징동닷컴은 빠르게 성장하면서 아마존을 위협할 정도였다. 그러나 중국 정부의 개입과 규제로 지배구조에 변화가 생기면서 주가는 급락하고, 투자에도 악영향을 미치고 있다.

초기 AI 시장에서도 중국의 테크기업들은 적극적인 투자와 기술개발을 통해 경쟁력을 키워갈 가능성이 높다. 그러나 "중국에서 과연 AI 산업이 발전을 할 것인가?"라는 질문이 "중국이 과연 민주주의 국가가 될 것인가?"라는 질문으로 귀결된다면, 중국의 AI 산업 발전은 장기적으로 분명한 한계점을 가질 수밖에 없을 것이다.

국내 SW 플랫폼들의 위기와 기회

네이버 vs. 카카오

그렇다면 우리나라는 어떨까? 2023년 5월 기준 네이버의 국내 검색 시장 점유율은 55.6%(인터넷트렌드 집계)로 2022년 말 65%에서 급락했다. 반면 구글의 한국 시장 점유율은 2022년 말 26.8%에서 34.5%로 급상승한 것으로 집계됐다. 언론에서는 네이버 점유율의 하락이 생성형 AI 개발에서 뒤처졌기 때문이라는 점을 지적했다. 특히 글로벌 시장에서는 구글이 오픈AI와 마이크로소프트보다 시장 대응에 늦었지만, 2023년 5월 공식 출시한 바드는 다중언어와 추론 능력, 코딩 능력을 갖춘 언어모델인 PaLM2를 바탕으로 한국어를 전략적으로 지원한다는 점이 네이버로서는 부담스러운 부분이다. 오픈AI와 마이크로소프트가 영어권에서 본원적인 경쟁력 강화에 집중하는 사이 비영어권 시장에서의 주도권을 놓치지 않겠다는 구글의 전략적인 의도가 엿보인다.

구글의 발 빠른 대응과 달리 생성형 AI 시장에서 네이버의 출발은 상당히 늦어졌다. 네이버는 2023년 8월 차세대 대규모 언어 모델인 하이퍼클로바X를 공개하고, 하이퍼클로바X와 네이버 검색 결과를 결합시킨 백본 언어 모델을 바탕으로 생성형 AI인 서치GPT 서비스를 시작했다. 또한 네이버는 AI 검색 기능을 최적화하기 위해 UI·UX(사용자 인터페이스·경험)를 개편했다. 2021년부터 검색을 고도화한 에어서치를 발표하며 AI 기반 맞춤형 검색 결과의 비중을 높여가고 있었지만, 한발 더 나아가 AI 검색 경험을 최적화하는 방향으로 검색 디자인을 개편하며, 사용자가 초개인화된 검색 환경을 더욱 체감할 수 있도록 한 것이다. 또한 유연한 탐색 흐름을 제공하기 위해 추천 키워드의 노출 형태에 변화를 주며, 네이버에 축적된 방대한 콘텐츠 데이터들을 적극적으로 활용하여 멀티미디어 콘텐츠 중심의 직관적인 검색으로 전략 방향을 잡고 있다.

한편 카카오는 대규모 언어 모델 개발에는 뛰어들기를 주저하는 상황이다. 카카오는 글로벌 기업들과 경쟁하기보다는 자회사인 카카오브레인이 갖고 있는 한국어에 특화된 KoGPT를 활용해서 버티컬 AI 서비스에 집중하겠다는 전략이다. 또한 의료진단용 AI 등 보다 전문화된 영역에서 AI 서비스를 계획하고 있다. 카카오 앱에 오픈AI를 바탕으로 한 아숙업(Askup)이라는 AI 챗봇 서비스가 있긴 했지만, 생성형 AI가 고도화되고 있는 상황에서 서비스의 질적 향상이 필요해

보인다. 2024년 2월 카카오브레인에서는 흉부 엑스레이 판독문에서 병명을 추출하는 생성형 AI 기술인 레이블러 프로젝트를 깃허브에 공개했다. 엑스레이 결과를 바탕으로 발병 빈도와 중요도가 높은 골절, 기흉 등 열세 가지 병명 추출이 가능하다.

주지하다시피 카카오는 네이버가 검색 시장을 장악했을 때, 모바일 시장에서의 주도권을 확보한 DNA를 갖고 있다. 특히 모바일 영역에서 카카오는 사용자 중심의 인터페이스를 구축하는 데 근원적인 경쟁력을 가진 기업이다. 그러나 카카오가 추구하는 모바일 기반의 생성형 AI가 경쟁사들과 크게 차별화되지 않는다면, AI를 통한 카카오의 확장성은 한계를 나타낼 가능성이 높다. 따라서 생성형 AI 개발 자체보다는 모바일에 특화된 구체화된 AI 서비스 구현이 더 유용할 것이다.

주목할 만한 비상장 AI 기업

플리토-번역 & 언어 데이터 판매

ChatGPT의 출현은 기존의 AI 번역 서비스 기업들에게도 새로운 기회가 되고 있다. 상장기업 중 대표적인 번역 서비스 및 언어 데이터 판매 기업으로 플리토가 있다. 플리토는 2012년 창업 초기부터 일반인이 참여하는 클라우드 소싱 방식의 '집단지성' 번역 서비스에 특화돼 있는데, 전 세계 137개국 1,300만 명에 달하는 번역가들이 참여하고 있다. 2016년부터는 AI 번역 서비스를 도입했고, 2020년부터는 말뭉치(코퍼스, Corpus)라고 불리는 언어 데이터 판매를 본격화하기 시작했다.

오픈AI 등 AI 산업의 선두에 있는 기업들은 ChatGPT의 기계학습(머신러닝)을 위해 대량의 언어 데이터가 필요하다. 플리토의 챗봇용 언어 데이터의 1일 수집량은 50만 건에 달하고 있으며, 2023년 전체 매출에서 데이터 판매 비중은 65%에 달한다. 생성형 AI 서비스 기업은 물론, 온디바이스(On-Device) AI 기업 등 다양한 분야에서 언어 데이터를 필요로 하고 있다. 특히 영어나 중국어 등과 달리 아랍어처럼 상대적으로 언어 데이터를 제공하는 곳이 적을 경우, 데이터 가격은 5배에 달한다. 플리토의 2023년 실적은 매출액 172억 원, 영업적자 52억 원이지만, 2024년에는 200억 원 후반대로 매출 성장이 본격화되며 영업이익을 내기 시작할 전망이다.

몰로코-언제 누구에게 어떤 광고를 보여줄지 알려드립니다

광고업계에서 AI와 데이터를 기반으로 머신러닝을 통해 수익화를 추구하는 기업으로는 몰로코가 있다. 몰로코는 구글 엔지니어 출신의 안익진 대표가 2013년 실리콘밸리에서 창업하여 유니콘 기업으로 성장했다. 몰로코의 비즈니스 모델은 클라우드를 통해 제공되는 '몰로코 엔진'을 통해, 홈쇼핑 등 미디어 플랫폼 기업들이 광고를 통해 수익을 올리도록 하는 것이다.

몰로코의 AI 머신러닝 엔진은 이용자가 사용하는 앱, 사용시간, 위치, 기기 등을 정교하게 분석하여 언제 누구에게 어떤 광고를 보여줄야 할지 알려준다. 현재 전 세계적으로 몰로코를 통해 수익화를 추구하는 광고주는 1,000개 기업 이상이다. 몰로코는 미국 광고·마케팅 분야에서 초고속으로 성장하는 기업 9위에 선정된 바 있다. 미래에셋벤처투자, 신한투자증권, 타이거글로벌매니지먼트 등으로부터 2억 달러 이상의 투자를 받았으며, 2023년 현재 몰로코의 기업가치는 20억 달러에 이른다.

뤼튼테크놀로지스-AI 플러그인 서비스

생성형 AI를 활용한 플랫폼 스타트업으로서 뤼튼테크놀로지스도 주목받고 있는 기업 중 하나다. 뤼튼테크놀로지스는 LLM 개발에 뛰어들기보다는 네이버의 하이퍼클로바X를 기반으로 작문, 카피라이팅 등에 특화된 플랫폼에서 출발했다. 최근에는 AI 플러그인 서비스인 뤼튼2.0을 출시했다. 대화형 인터페이스를 바탕으로 식당·숙박 예약, 렌터카·항공권 예약 등 다양한 서비스를 플러그인한 플랫폼이다. 플러그인 생태계 외에도 툴 스튜디오 앤드 스토어(Tool Studio and Store)를 통해 사용자 스스로 활용성과 확장성을 만들어낼 수 있도록 구현할 계획이다.

파운데이션 모델의 발전 속도가 비영어권에서는 영어권보다 1년 정도 늦어질 것으로 예상하지만, 글로벌 수준에 맞춘 서비스를 준비한다면 초기 시장을 선점할 수 있다는 것이 최근 뤼튼테크놀로지스의 전략이다. 또한 LLM 자체보다는 다양한 모델들을 조합하여 사용자들의 니즈에 초점을 맞추는 것이, 향후 비즈니스 전개와 플랫폼의 확장성 측면에서 더 중요한 경쟁력이라는 관점이다.

크래프트테크놀로지스–금융시장 데이터 분석

금융시장의 데이터 분석과 자산운용업에서 AI 기술의 도입도 확대되고 있다. 2016년 김형식 대표가 설립한 크래프트테크놀로지스는 국내외 금융기관들에게 AI 투자 솔루션을 공급하는 것은 물론, 2019년부터는 QRFT, AMOM, HDIV, NVQ 등 총 네 가지 액티브 ETF를 뉴욕증권거래소에 상장했다. 특히 2020년 테슬라 주가 급락에 앞서 전량 매도하여 모닝스타 등 평가기관으로부터 운용 성과를 인정받기도 했다. 크래프트의 AI 엔진은 포트폴리오 형태로 AI 기반의 신호를 전달하기 위해 데이터 수집부터 전처리, 트레이닝(훈련)에 이르기까지 완전 자동화돼 있는 것이 특징이다. 특히 방대한 데이터를 전처리하여 최대한 편향 없는 시뮬레이션 환경을 구축하는 고유의 데이터 처리 API(Kirin API)는 크래프트의 핵심 경쟁 요소 중 하나다.

회사는 글로벌 금융기업과의 전략적 제휴를 확대해 나가고 있는데, 2023년에는 미국 최대 포트폴리오 관리 솔루션 기업인 퍼스트레이트(First Rate)와 업무협약을 체결했다. 또 BNP파리바와는 AI를 활용한 금융 분야에서 상호 협력 발전을 모색하기로 MOU를 맺었다. LG AI연구원과 협업하여 초거대 모델 엑사원 2.0(Exaone 2.0)을 활용한 AI ETF를 뉴욕증권거래소에 상장하기도 했다. 크래프트는 금융 분야에서의 AI 기술력을 인정받아 2022년 소프트뱅크 본사로부터 1억 4,600만 달러의 투자를 유치한 바 있다.

6

헬스케어 분야의
AI 파이프라인 확대

빠르게 확산되는 AI 진단

최근 AI 기술은 특히 의료 분야에서 활발하게 응용되고 있다. 시장조사기관 프리시던스리서치(Precedence Research)에 따르면, 전 세계 AI 헬스케어 시장 규모는 2022년 151억 달러에서 2030년에는 1,880억 달러로 연평균 37% 성장할 전망이며, 헬스케어 분야에서 생성형 AI 시장의 규모는 2022년 10억 달러에서 2032년 217억 달러로 20배 급성장할 전망이다. 그랜드뷰리서치에 따르면 2022년 전 세계 신약 개발 AI 시장 규모는 약 11억 달러이며, 2030년까지 연평균 30% 성장할 전망이다. 마이크로소프트와 구글, 메타 등 생성형 AI 개발에서 선두에 선 글로벌 테크기업들은 바이오 기업들과 함께 AI 연구소를 설립하고 신약 개발, 바이러스 연구 등에 나서고 있다. 또한 병원이나

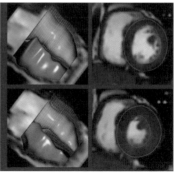

자료: 아터리스

의료기관 등에서도 GPT-4를 활용하는 방안이 검토되고 있다. AI와 ML(Machine Learning, 기계학습) 알고리즘은 의료영상 등 방대한 데이터를 신속하고 정확하게 분석할 수 있어, 진단이나 질병 예측 등에서 활용성이 높다.

대표적으로 미국의 아터리스(Arterys)는 2011년에 설립된 AI 의료 영상 업체로, 심장 MRI 데이터를 클라우드에 축적하고, 딥러닝으로 진단을 지원하는 SW를 개발해 2017년 세계 최초로 FDA의 승인을 받았다. 아터리스는 폐질환, 심장질환, 뇌졸중, 유방암 등 다양한 영역에서 3D·4D MRI 영상을 통해 효과적이고 정확한 진단이 가능하도록 AI 기반의 영상 진단 SW를 제공하고 있다.

2023년 2월에 아터리스는 AI 기반의 정밀의학·헬스케어 기업인 템퍼스(Tempus)에 의해 인수됐다. 템퍼스는 미국의 소셜커머스인 그루폰(Groupon)을 이끌었던 에릭 레프코프스키(Eric Lefkofsky)가 맞춤형 의료 시대를 여는 툴을 제공하겠다는 비전으로 2015년에 설립한 회사다. 템퍼스는 유전자 검사·분석, 전염병 진단 키트·치료 솔루션 등에 특화돼 있었으며, 아터리스를 인수함으로써 AI 의료영상 경쟁력을 갖추게 됐다. 현재 템퍼스의 기업가치는 50억 달러로 평가되고 있다.

암 진단, 정확하고 저렴하게!

국내 기업들 중에는 대표적으로 루닛이 AI를 통해 암을 진단하고 치료하는 솔루션을 개발하고 있다. 루닛의 주요 제품은 암 진단 영상 판독 솔루션인 루닛인사이트, 암 치료 과정의 바이오마커 이미지 분석 솔루션인 루닛스코프 등이다. 루닛인사이트는 특히 폐암과 유방암 진단에 많이 쓰이고 있다. 루닛은 후지필름, GE헬스케어, 필립스 등 글로벌 의료영상기기 기업들과 더불어, 미국의 가던트헬스(Guardant Health)와 같은 암 진단 기업들과 파트너십을 체결하고, 전세계 40여 개국에서 인허가를 추진하고 있다. 2025년에는 첫 동반진단 제품이 FDA를 통과하고 상용화될 것으로 기대하고 있다. 회사는 전 세계 암 진단 관련 시장 규모를 약 70억 달러(환자 480만 명×1,500달러)로 추산하고 있다.

이로써 영상 데이터를 기반으로 하는 판독과 환자의 사례와 의사의 경험 등이 복합적으로 작용하는 진단의 영역에 AI가 본격적으로 침투하기 시작한 것이다. 루닛스코프는 암세포 주변의 면역세포 패턴을 AI로 분석하는 것으로, 신약 개발의 성공률을 높이고 임상 비용

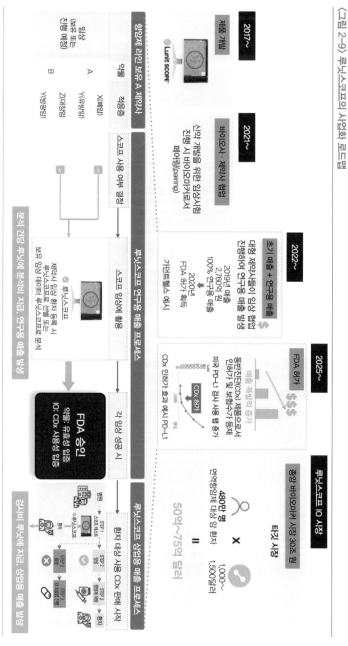

〈그림 2-9〉 루닛스코프의 사업화 로드맵

자료: 루닛

2017~
제품 개발
Lunit SCOPE

2021~
바이오오: 제약사 협업
신약 개발을 위한 임상시험 진행 시 바이오마커로서 페어링(pairing)

2022~
초기 매출 + 연구용 매출
대형 제약사들이 임상 함께 진행하여 연구용 매출 발생
2019년 매출 2,760억 원
100% 연구용 매출
2020년 FDA 허가 취득
기든트헬스 예시

2025~
FDA 허가
동반진단(CDx) 제품으로서 인허가 및 보험수가 등재
미국 PD-L1 검사 사용량 증가
CDx 인허가 효과 예시 PD-L1

루닛스코프 IO 시장
종양 바이오마커 시장 30조 원
타깃 시장
480만 명 = 1,000~
면역항암제 대상 암 환자 × 1,500달러
50억~75억 달러

항암제 라인 보유 A 제약사

약물	적응증
A	X(폐암)
	Y(유방암)
B	Z(대장암)
	Y(방광암)

임상 (보유 또는 진행 예정)

스코프 사용 여부 결정

루닛스코프 연구용 매출 프로세스
스코프 임상에 활용
제약사 임상 환자 등록 시 루닛스코프 사용 또는 보유 임상 데이터 루닛스코프 분석

FDA 승인
약물 유효성 입증
IO: CDx 사용성 입증

각 임상 성공 시

루닛스코프 상업용 매출 프로세스
환자 대상 사용 CDx 판매 시작

STEP 1 스코프 활용
STEP 2 양성
STEP 2 음성
STEP 3 면역항암제
STEP 3 타표적제 등

분석 건당 루닛에 분석비 지급, 연구용 매출 발생

검사비 루닛에 지급, 상업용 매출 발생

은 크게 줄일 수 있다. 현재 폐암 진단을 위한 연구용 제품을 판매 중이며, 15개 암에 대한 연구개발이 진행 중이다.

루닛스코프 검사 비용은 약 1,500달러로, 면역항암제 1회 투약 비용을 고려했을 때 매우 효율적이다. 루닛스코프는 2023년 4월에 개최된 미국암학회에서 KRAS G12C 유전자 변이를 예측하는 딥러닝 모델 외 4건의 연구 결과를 발표했으며, 6월 미국종양학회에서는 무려 16긴에 달하는 연구 결과를 빌표한 바 있다.

루닛은 2023년 8월 기자간담회를 통해 2033년 매출 10조 원, 영업이익 5조 원의 장기 성장 비전을 발표했다. 암 진단 및 치료를 위한 기존의 AI 솔루션 개발 사업에 이어, AI 기반 의료 빅데이터 플랫폼 개발 사업에 신규 진출할 계획이다. 또한 자율형 AI, 전신 MRI 등과 같은 차세대 암 정밀진단 신제품 개발과 최적의 암 치료를 위한 바이오마커의 개발에도 적극 나설 예정이다. 2024년 1월 현재 루닛의 시가총액은 1조 9,000억 원에 달한다.

영상 판독도 AI가

2015년 딥러닝 엔진을 자체 개발한 뷰노는 서울아산병원과 함께 폐영상분석연구소 설립을 바탕으로 시작된 기업이다. 2021년 코스닥에 상장했고, 2024년 1월 현재 시가총액은 4,500억 원 수준이다. AI 기반의 심정지 예측 의료기기인 뷰노메드(VUNO Med)-딥카스(DeepCARS) 외에, 딥브레인(DeepBrain), 체스트 엑스레이(Chest X-ray),

렁CT AI(LungCT AI) 등 주로 영상 판독 인공지능 솔루션 제품을 출시하고 있다.

국내에서 연간 심정지 발생은 약 3,600건이며, 전조 증상이 80%이고, 이 중 사망은 75%에 이른다고 한다. 국내 병원의 입원실 병상 수는 14만 개로 딥카스의 연간 시장 규모는 2,000억 원(출고가 5,000원 가정)으로 추정된다. 뷰노의 딥카스는 2022년 8월 비급여 시장에 진출했고, 2023년 상반기 30여 개 고객을 확보했다. 딥카스 관련 글로벌 시장은 북미 23억 달러, EMEA(유럽, 중동, 아프리카) 22억 달러, APAC(중국 제외 아시아) 4억 달러 등 총 55억 달러 규모로 추산된다. 미국 FDA는 2023년 6월 딥카스를 혁신의료기기(Breakthrough Device Designation, BDD)로 지정했다. 이에 따라 미국 시장 진출은 2025년으로 앞당겨질 전망이다. 이와 같이 국내 의료 AI 기업들은 대부분 의료 영상 분석을 통한 임상 의사결정을 위한 보조 솔루션(Clinical Decision Support System, CDSS)에 집중하고 있다. 다만, 치료 의사결정에 있어서 필수적이지 않기 때문에 파트너 기업에 대한 의존성이 높다는 점은 단점[3]이 될 것이다. 따라서 AI 기술을 적용하되 치료 의사결정과 관련이 높은 시장으로 진출하는 것이 향후 기업가치 측면에서 긍정적일 것이다. 이렇듯 신약 개발과 관련된 분야에서 인공지능을 적용하는 기업들에는 대표적으로 미국의 슈뢰딩거(SDGR), 릴레이테라퓨틱스(Relay Therapeutics), 리커전파마슈티컬스(Recursion Pharmaceuticals, RXRX), 앱셀레라바이오로직스(Abcellera Biologics, ABCL) 등이 있다. 특히 리커전은 임상 2상 단계의 물질을 4개나 보유하고 있다는 점에서

〈표 2-2〉 주요 AI 신약 개발사들의 파이프라인 현황

회사명	후보 물질	타깃/기전	적응증	임상 단계	비고
리커전 파마슈티컬스	REC-994	Superoxide Scavenger	해면상기형(CCM)	임상2상	2024년 하반기 데이터 발표 예정
	REC-2282	Pan-HDAC 억제제	신경섬유종증 제 2형(NF2)	임상 2·3상	2024년 중간기 데이터 발표 예정
	REC-4881	MEK1·MEK2 억제제	가족샘종폴립증 (FAP)	임상2상	2026년 1차 완료 예정
			AXIN1 또는 APC 변이 고형암	임상2상	개시 전
	REC-3964	저분자화합물	클로스트리디움 디피실 장염	임상1상	2023년 하반기 톱라인 데이터 발표 예정
인실리코 메디슨	INS018-55	Target X	특발성 폐섬유화증	임상2상	첫 환자 투약 완료
	ISM3091	USP1	BRCA-변이암	임상1상	
슈뢰딩거	SGR-1505	MALT1 억제제	R/R 비호지킨림프종	임상1상	2023년 4월 첫 환자 투약 완료 2025년 1차 완료 예정
엑스 사이언티아	EXS-21546	A2A 수용체 길항제	R/R 신세포암·비소세포폐암	임상 1·2상	2023년 5월 첫 환자 투약 완료, 2025년 1차 완료 예정. 에보텍 파트너사
	EXS-4318	PKC-θ 억제제	염증성·자가면역·질환	임상1상	임상 개시 완료, BMS L/O
RLAY	RLY-4008	FGFR2 억제제	고형암	임상2상	2023년 하반기 임상2상 모집 완료 예정
	GDC-1971	SHP2	고형암	임상1상	제네텍 파트너사
	RLY-2608	PI3K 억제제	유방암	임상1상	용량 증가 단계
베네볼런트 AI	BEN-8744	PDE10 억제제	궤양성대장염	전임상	2023년 3분기 임상 1상 진입 예정
	BEN-28010	CHK1 억제제	교모세포종	전임상	2023년 4분기까지 IND 준비
앱셀레라 바이오 로직스	TAK-920	TREM2 작용제 항체	알츠하이머병	임상1상	제날리 파트너사
	비공개	비공개	중추신경계	임상1상	테바 파트너사
	NBL-012	IL-23p19 항체	피부·위장관·면역 질환	임상1상	노바로크 파트너사
	NBL-015	Claudin18,2 항체	암	IND 승인	노바로크 파트너사
	비공개	비공개	비공개	임상 1상	비공개 파트너사

자료: 각 사, 미래에셋증권 리서치센터

향후 임상 데이터 결과가 주목된다.

나노스케일의 분자역학 시뮬레이션이나 치료제 개발 등에 엔비디아 GPU 기반의 슈퍼컴퓨터 기술이 활용되고 있다. 엔비디아는 신약 개발을 위한 생성형 AI 클라우드 서비스인 바이오니모(BioNeMo)를 통해 바이오 신약 개발 시장에 진출했으며, 암젠, 인실리코메디슨 등 바이오텍 기업들이 이 서비스를 활용하고 있다.

향후 의료 분야의 다양한 AI 적용

그 밖에도 최근 의료계의 다양한 분야에서 인공지능이 적극적으로 활용되기 시작했다. 〈인공지능신문(www.aitimes.kr)〉에 실린 기사를 통해 의료계의 AI 활용 연구 사례들을 몇 가지 살펴보자.

뇌출혈 진단

SK C&C가 개발한 메디컬 인사이트 플러스 뇌출혈(Medical Insight + Brain Hemorrhage)은 뇌 CT 영상을 수초 내로 분석해서 출혈의 위치와 이상 여부를 알려주는 AI 영상 솔루션이다. 서울대학교 영상의학과 윤태진 교수와 아주대학교 최진욱 교수 공동연구팀은 논문을 통해 AI 영상 솔루션의 효율성을 검증했다.[4] 5만 명의 환자 데이터를 대상으로 GE, 필립스, 지멘스, 도시바의 CT 장비 모두 98~99%의 높은 진단 정확도를 나타냈다. SK C&C의 장비는 미국 FDA의 허가를 받기 위해 임상시험을 진행 중이다.

〈그림 2-10〉 AI 뇌출혈 진단 솔루션의 시현 영상

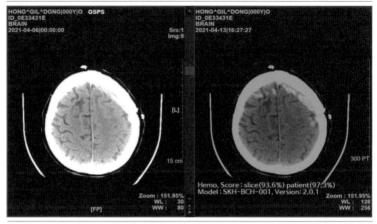

자료: 〈네이처 파트너 저널〉, 〈인공지능신문〉

심장 스텐트 시술

분당서울대병원 강시혁 교수 팀은 심장 스텐트 시술에 인공지능을
활용했다. 심혈관조영술은 영상이 복잡하고 작은 혈관 안의 3차원 구

〈그림 2-11〉 스텐트 시술에 필요한 심혈관조영술과 혈관 내 초음파, AI SW 분석 비교

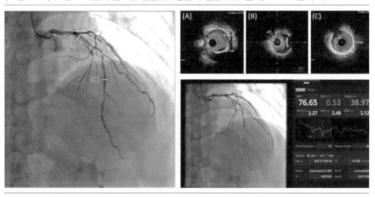

자료: JMIR 퍼블리케이션스, 〈인공지능신문〉

조를 모두 파악하기 어려운 단점이 있는데, 심혈관조영술 분석과 시술에 AI 소프트웨어를 활용한 것이다.

연구 결과 스텐트 시술 시 활용하는 혈관 내 초음파 검사 측정 지표와 AI 소프트웨어로 측정한 지표가 60~80%의 상관관계를 가진 것으로 나타났다.[5]

대장암 환자의 게놈지도

최근 KAIST 생명과학과 정윤경 교수와 서울대학교 암연구소 김태유 교수 공동연구팀은 AI 기반 알고리즘을 활용하여 한국인 대장암 환자의 3차원 게놈지도를 세계 최초로 제시했다.

이를 토대로 유전자 발현 촉진 인자인 인핸서와 종양유전자 사이 상호작용을 형성하여 과발현을 유도하는 인핸서 납치(Enhancer-hijacking) 현상에 초점을 두고 연구하였으며, 특정 종양유전자들이

〈그림 2-12〉 한국인 대장암 환자의 3차원 게놈지도 연구 개요

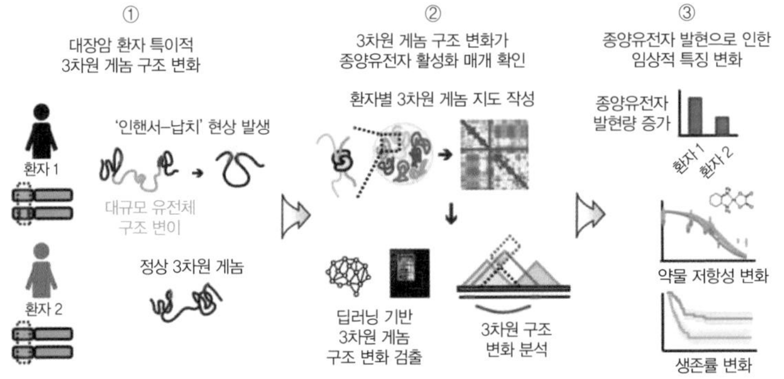

① 대장암 환자 특이적 3차원 게놈 구조 변화
'인핸서-납치' 현상 발생
환자 1
대규모 유전체 구조 변이
정상 3차원 게놈
환자 2

② 3차원 게놈 구조 변화가 종양유전자 활성화 매개 확인
환자별 3차원 게놈 지도 작성
딥러닝 기반 3차원 게놈 구조 변화 검출
3차원 구조 변화 분석

③ 종양유전자 발현으로 인한 임상적 특징 변화
종양유전자 발현량 증가
환자 1 환자 2
약물 저항성 변화
생존률 변화

자료: 〈셀 리포트〉, 〈인공지능신문〉

과발현되는 현상을 규명했다.[6] 기존의 1차원적 게놈 서열 분석을 기반으로 한 암 유전체 연구의 한계를 3차원 게놈 배열 분석을 통해 발전시켰다는 점에서 의미가 크다.

온디바이스 AI는 어디로 가고 있는가

AI 기기로 변하는 스마트폰

ChatGPT의 확산이 기존의 스마트 기기에도 혁신을 가져오고 있다. 특히 삼성전자 갤럭시S24의 출시를 계기로 온디바이스 AI가 본격적으로 확산될 전망이다. 갤럭시S24에는 실시간 양방향 통역 서비스가 탑재됐다. 서로 다른 언어로 전화 통화를 할 때 영어, 프랑스어, 독일어 등 13개 언어로 통역이 된다.

구글과의 협업으로 서클투서치(Circle to Search) 기능도 탑재했는데, 검색이 필요할 때 스마트폰 화면에 동그라미를 그리면 바로 검색해주는 서비스다. 또한 사진 보정은 물론 갤럭시노트나 음성 녹음 앱에도 새로운 AI 기능이 추가됐다. 이처럼 온디바이스 AI는 서버를 거치지 않고 스마트 기기(혹은 에지 디바이스)에서 자체적으로 데이터를 수

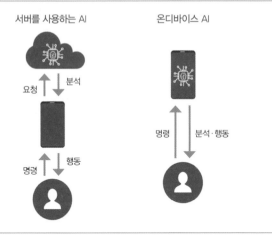

서버를 사용하는 AI   온디바이스 AI

자료: 삼성전자

집하고 문제를 처리한다. 따라서 네트워크 연결 없이도 빠르게 작업할 수 있고, 보안 측면에서는 오히려 안전성이 높다.

이를 위해 스마트폰에 탑재되는 AI 모델은 서버보다 적은 매개변수로도 효과적으로 자연어를 처리하고, 코드와 이미지를 생성하는 등의 서비스를 제공할 수 있어야 한다. 또 AI 연산을 디바이스에서 자체적으로 처리하기 위해서는 NPU 등 신경망 연산을 위한 반도체가 필요하다.

온디바이스 AI의 적용 분야는 매우 광범위하다. CES 2024에서 LG전자는 AI 기능들이 채택된 가전제품들을 선보였다. AI 프로세서를 탑재한 OLED TV, 'AI 비전 인사이드' 기능을 통해 푸드 리스트를 보여주는 AI 냉장고, AI 바닥 감지 기능을 갖춘 청소기……. AI 기술이 없던 시절에는 구현할 수 없었던 제품들이다. 나아가 집 안 전체의

〈그림 2-14〉 CES 2024에 전시된 LG전자의 미래 콘셉트카 알파블

자료: LG전자

가전들을 통합적으로 관리하는 스마트홈 플랫폼인 LG 싱큐(ThinQ)를 소개했다. 또한 AI 가전과 디스플레이 기술 등을 집약한 콘셉트카 알파블(Alpah-able)을 선보였다. 미래 모빌리티의 내부 전장에서도 많은 혁신을 예상할 수 있는 지점이다.

더 이상 사람이 짓지 않는 농사

농기계 분야에서도 온디바이스 AI의 개념이 적용되고 있다. CES 2023에서 공개됐던 존디어(John Deere)의 자율주행 트랙터에 탑재된 이그잭트 샷(Exact Shot) 기술은 AI 에지컴퓨팅(Edge Computing) 기술이 적용된 예다. 이는 센서를 통해 경작지를 실시간으로 모니터하고,

자료: 존디어

환경과 토양의 상태에 따라 알맞은 비료와 물을 주는 것이다. 또한 잡초가 있는 곳에만 제초제를 뿌리는 '시 앤드 스페이(See and Spay)' 기술로 스마트 방제가 가능해졌다.

존디어는 자율주행 기술을 적용하기 위해 2021년에 베어플래그 로보틱스(Bear Flag Robotics)를 2억 5,000만 달러에 인수하고, 자율주행 센서와 카메라에 특화된 라이트(Light)를 인수하기도 했다. 라이트의 클래리티(Clarity) 플랫폼은 전통적인 카메라로 촬영한 이미지를 비전컴퓨팅 기술로 처리한다.

대형 농기계에 특화된 존디어와는 정반대로, 초소형 스마트 농기계를 만드는 펜트(Fendt)라는 기업도 있다. 펜트의 자이버(Xaver)는 클라우드 AI 제어 기술을 바탕으로 다수의 로봇이 무리를 지어 작업을 수행하는 방식이다. 소형 로봇들은 무게가 수 톤에 달하는 트랙터로 인해 토양이 손상되는 것을 막고, 소형 장비이면서도 군집의 장점을 활용해 효율적인 작업이 가능하다.

이러한 군집로봇의 작동을 가능케 하기 위해, 2006년 스콧 하산 (Scott Hassan)은 윌로개라지(Willow Garage)를 창업해 11개 연구기관과 함께 로봇 오퍼레이팅 시스템(Robot Operating System, ROS)을 만들었다. 펜트의 자이버는 로봇 오퍼레이팅 시스템을 상업화·제품화하고 있는 회사 에이팩스AI(APEX.AI)의 ROS를 통해 운영된다.

생성형 AI와
로보틱스의 시너지

생성형 AI 혁명은 새로운 비즈니스를 형성하고, 특히 지적 생산이나 콘텐츠 산업에 큰 변화를 가져올 가능성이 높다. 최근 교육 현장에서도 생성형 AI를 어떻게 활용할 것인지, 문제가 될 소지는 없는지 등 논란이 많다. 기자, 변호사, 회계사, 애널리스트, 콘텐츠 제작자 등 수많은 전통적인 직업군에도 변화가 불가피할 것이다.

생성형 AI에 대해 우려의 목소리도 있지만 이미 혁명적인 변화는 시작됐고, 결국 논의의 핵심은 어떻게 잘 활용하고, 발생 가능한 문제의 소지를 줄여나갈 것인가로 귀결될 것이다. 또한 SW 기업들은 경쟁력 있는 생성형 AI LLM 자체를 개발할 수도 있겠지만, LLM을 기반으로 어떤 서비스를 구현할 것인가로 나뉘게 될 것이다.

인간과 대화할 수 있게 된 로봇의 미션

생성형 AI가 영향을 미칠 또 다른 큰 분야는 로보틱스가 될 것이다. 생성형 AI를 통한 콘텐츠의 혁명은 가상의 공간(Cyber Space)에서 발생하는 것이고, AI가 로보틱스에 적용되는 것은 물리적인 세상(Physical World)에서의 가장 큰 변화다.

또한 ChatGPT를 통해 로봇과 인간과의 원활한 의사소통이 가능해지면서 로봇의 활용도는 극대화될 전망이다. 최근 보스턴다이내믹스는 사족보행 로봇 스폿(Spot)에 ChatGPT를 탑재하고 테스트를 진행 중이다. 인간과의 대화가 가능해지면 로봇은 단순히 물리적인 작업 수행을 넘어, 보다 정교한 미션의 수행이 가능해질 것이다. 예를 들어 전장이나 재난 환경에서 작전을 수행할 때, 사람이 접근할 수 없는 지역에는 로봇을 투입하는 등 인간과 로봇의 협력과 시너지가 가능할 것이다. 마이크로소프트 역시 ChatGPT를 로봇 제어에 활용하는 방안을 연구하고 있다. 프롬프트를 통해 로봇에게 명령을 내리면, ChatGPT는 이를 코드로 변환(로봇의 언어)하여 로봇에게 작동을 지시하는 방식이다.

특히 온디바이스 AI의 측면에서 로보틱스는 앞으로 가장 유망하고 의미 있는 시장이 될 것이다. 현재 인류가 가장 많이 사용하고 시장 규모가 큰 디바이스는 스마트폰이다. 그러나 스마트폰은 출생 인구수를 크게 넘어서기 어렵다. 반면, 로봇은 먼 미래에는 전 세계 인구수를 넘어설 정도로 확산될 가능성이 높다. 휴머노이드, 사족보행,

〈그림 2-16〉 마이크로소프트의 ChatGPT를 통한 로봇 작동 메커니즘

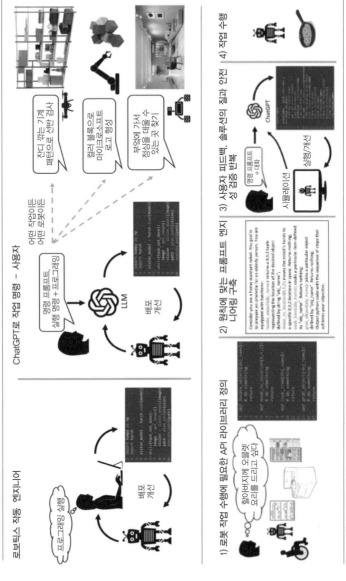

자료: 마이크로소프트

협동로봇을 비롯해 산업용, 군사용, 물류/배달용 로봇 등 그 용도는 무궁무진하다. 앞으로 10년 후 로봇은 얼마나 늘어날까. 화성에 보낼 로봇까지 생각해보면 어쩌면 전 세계 인구보다도 많아지는 것이 아닐까. 따라서 장기적으로 가장 의미 있게 폭발적으로 성장할 온디바이스 AI 시장은 다름 아닌 로봇 시장이 될 것이다.

CHAPTER 3

AI

상용화될 AI
로보틱스 시장에서
기회를 잡아라

AI 투자 전쟁

가장 강력한 혁신은 다가올 R(Robotics)의 혁명이다.
인간의 지능을 본받았지만 그보다 한층 강력하게 재설계될
인간 수준의 로봇들이 등장할 것이다
R의 혁명에서 최고로 의미 있는 변화다.
지능이란 우주에서 가장 강력한 힘이기 때문이다.

───────────

레이 커즈와일, 《특이점이 온다》

1

휴머노이드 로봇은
어떻게 변화해 왔을까

혁신의 마중물 역할, DARPA

휴머노이드 로봇의 역사는 1971년 일본의 와세다대학교 팀이 개발한 와봇1(WABOT1)에서 시작됐다. 1984년에 발표된 와봇2는 키보드를 연주했다. 1997년에 혼다가 만든 P2는 처음으로 자연스럽게 걸을 수 있는 로봇이었다. 2002년에 발표된 혼다의 아시모(ASIMO)는 사람의 얼굴을 인식하고, 계단을 오르내리고, 시속 2.5~3km로 걸었다. 2005년에 출시된 업그레이드 버전은 시속 6km로 뛸 수 있었다. 2011년에 출시된 3세대 아시모는 시속 9km로 뛸 수 있었고, 공을 찰 수도 있고, 보온병을 열고 물을 따를 수 있었다. 아시모는 일본과학미래관에서 20년 동안 공연을 하다 2022년을 끝으로 은퇴했다.

혼다의 아시모에 자극을 받은 KAIST의 오준호 박사는 2002

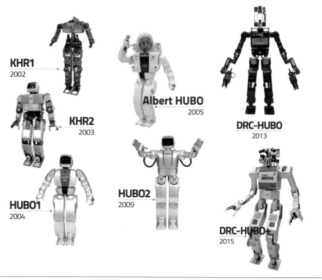

KHR1
2002

KHR2
2003

HUBO1
2004

Albert HUBO
2005

HUBO2
2009

DRC-HUBO
2013

DRC-HUBO+
2015

자료: KAIST

년 KHR1을 개발했다. 2003년 KHR2를 거쳐 2004년에는 휴보
1(HUBO1)을 탄생시켰다. 휴보1은 시속 1.3km로 1시간을 걸을 수 있
고 다섯 손가락을 움직일 수도 있었다. 그러나 시속 6km 속도로 뛸
수 있는 아시모에 비해 휴보1이 걷는 속도는 매우 느렸다. 2009년에
발표한 휴보2는 시속 1.5km의 속도로 2시간 이상 걸을 수 있었고,
시속 3.6km 정도로 뛸 수 있었다. 이처럼 2000년대 로봇기술의 초기
개발 단계에서는 로봇의 움직임을 기계공학적으로 구현하는 데만도
많은 시간이 걸렸다.

전 세계 과학기술과 로보틱스 기술의 발전에 미 국방성 산하
DARPA(Defense Advanced Research Projects Agency)는 절대적인 역할을

해왔다. DARPA는 1958년 소련의 위성 스푸트니크 1호 발사에 충격을 받은 미국이 NASA와 더불어 설립한 고등연구기관이다. DARPA는 지난 65년 동안 놀라울 정도로 새롭고 혁신적인 기술에 적극적으로 투자하며 과학기술 발전에 큰 기여를 해왔다.

DARPA가 개발한 기술을 몇 가지 살펴보면, 오늘날의 인터넷은 1969년 DARPA가 개발한 프로토콜(TCP·IP) 기반 네트워크 컴퓨터 알파넷(ARPAnet)이 그 시초다. 스텔스 전투기는 1975년 DARPA의 '프로젝트 하비(Project Harvey)'에서 시작됐다. 마침 록히드마틴이 '해브 블루(Have Blue)'라는 레이더를 회피하는 비행기를 개발했고, 1981년 초도 비행을 거쳐 마침내 F-117 나이크호크가 탄생했던 것이다. 1978년 DARPA가 투자하고 MIT 팀에서 만들었던 아스펜 무비 맵(Aspen Movie Map)은 오늘날 구글 맵의 시초가 됐다. 2004년 DARPA가 모하비 사막에서 개최했던 '그랜드 챌린지 2004'에서는 단 한 대의 자동차가 성공하지 못해 '사막의 대실패'라고 불렸으나 2005년에는 스탠퍼드대학교가 우승하며 자율주행 자동차 개발이 시작됐다. 그 밖에도 무인기, 극초음속 미사일, 고에너지 레이저, 방향 전환 총알 등 이루 헤아릴 수 없는 국방과학기술들이 DARPA를 통해 개발됐다.

후쿠시마원전 사고가 발생한 후, DARPA는 사람이 접근하기 어려운 재난 현장에 로봇을 투입하기 위한 목적으로 세계재난로봇대회(DARPA Robotics Challenge, DRC)를 개최했다. 2013년에 미국 플로리다에서 열린 예선전에 전 세계 16개 팀이 참가했는데, 일본의 SHAFT

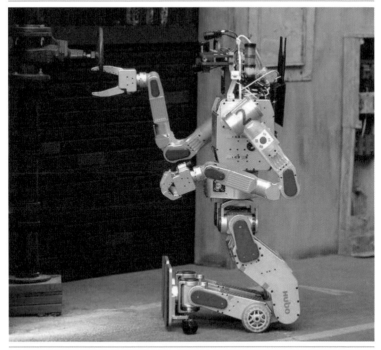

자료: DARPA, 〈IEEE 스펙트럼〉

는 독보적인 기술력을 과시하며 1위에 올랐다. 2015년 본선 대회는 캘리포니아 포모나에서 열렸다. NASA의 IHMC로보틱스, 일본산업기술연구소(AIST), MIT와 카네기멜론 팀 등 6개국에서 총 24개 팀이 참여했다.

　　DRC 본선 대회에서는 난도 높은 여덟 가지 과제가 주어졌다. 차량을 직접 운전하고, 장애물을 보고 판단하여 넘어가고, 각목더미를 보고 판단하여 치우고, 미는 문과 당기는 문 그리고 자동으로 닫히는 문을 열고, 다섯 계단의 사다리를 올라가서 장비를 찾아 벽을 뚫고

AI 투자 전쟁

직접 소방 호스를 연결한 후, 시계 방향과 반시계 방향으로 돌리는 밸브를 잠그는 것이다.

2015년 본선에서는 팀 KAIST의 DRC-HUBO+가 최종 우승을 차지했다. 오준호 박사와 팀 KAIST의 DRC 도전 과정을 통해 탄생한 회사가 바로 레인보우로보틱스다.

보스턴다이내믹스의 탄생

보스턴다이내믹스는 MIT의 마크 레이버트(Marc Raibert) 박사가 1992년 창업한 회사다. DARPA는 보스턴다이내믹스에 1995년부터 생체모방형(Bio-mimetic) 사족보행 로봇을 개발하는 '빅독(Big Dog) 프로젝트'를 의뢰했다. 차량이 진입할 수 없는 산악 등에서 노새처럼 무기나 군장들을 대신 짊어지는 역할을 하는 소위 견마형 로봇을 개발하기 위해서였다.

2003년 이후 빅독 프로젝트에는 미국 해병대 전투연구소(Marine Corps Warfighting Laboratory, MCW Labs)도 참여하는 등 R&D 투자를 지속했다. 2008년에는 빅독보다 민첩하고, 다양한 지형에서 활동 가능한 알파독을 개발하기도 했다. 그러나 빅독은 무거운 물건을 운반하기 위해 힘이 좋은 가솔린 엔진을 사용했는데, 전장에서 활용하기에는 엔진 소음이 너무 크다는 단점 때문에 2015년에 결국 사업화가 무산됐다. 빅독 프로젝트가 실패한 이후 보스턴다이내믹스는 엔진 대신 전기 모터를 사용하기 시작했다. 이후 개발된 스폿(Spot), 스폿

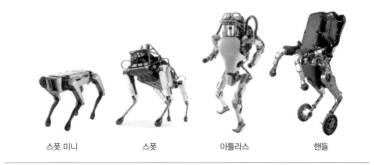

| 스폿 미니 | 스폿 | 아틀라스 | 핸들 |

자료: 보스턴다이내믹스

〈그림 3-4〉 보스턴다이내믹스의 로봇 핸들과 스트레치

자료: 보스턴다이내믹스

미니(Spot Mini) 등은 크기가 작고 소음이 적어 정찰용 로봇으로 활용이 가능하다.

　DARPA는 2008년 보스턴다이내믹스에 화학 방호복 테스트를 위한 휴머노이드 로봇 개발을 의뢰했는데, 그 결과물이 휴머노이드 로봇 펫맨(Petman)이다. 2013년에는 펫맨보다 작은 키 150cm에 무게 80kg의 아틀라스(Atlas)를 개발했다. 아틀라스는 전기식 유압 모터를 사용해 빠르고 파워풀한 동작을 구현했고, 경량화를 위해 3D 프린팅으로 몸체와 뼈대를 만들었다. 아틀라스는 2015년 세계재난로봇대회에서 DRC-HUBO+에 이어 2위를 차지했다. 최근 공개된 영상을 보면 자연스럽게 뛰고 몸통을 빠르게 회전하고, 물건을 집어서 던지는 등 더욱더 진화하고 있다.

보스턴다이내믹스는 2017년 소프트뱅크에 인수된 후 핸들(Handle)이라는 물류용 로봇을 개발했다. 최근에는 흡착식 스마트 그리퍼를 장착한 스트레치(Stretch)라는 매니퓰레이터(Manipulator) 로봇을 개발하는 등 상용화를 위해 포트폴리오를 다각화하고 있다. 스트레치는 23kg의 상자를 시간당 최대 800개 정도 옮길 수 있어서 물류창고나 택배회사에서 활용도가 높다.

상용화에 다가서는 로보틱스 기술

전기 모터를 처음 적용한 치타

보스턴다이내믹스가 이족보행 로봇(아틀라스)과 사족보행 로봇(스폿, 스폿 미니) 로봇에서 대단한 포트폴리오를 보유하고 있지만, 유압식 구조, 수행 능력, 작동시간 등 실질적인 상용화 측면에서는 여러 가지 문제점을 나타냈다. 2014년 이후에 특히 미국의 MIT 등 각 대학 연구소들을 중심으로 이러한 문제점들이 개선되거나 새로운 형태의 이족보행 혹은 사족보행 로봇이 개발됐다.

MIT 김상배 교수는 현존하는 가장 빠른 사족보행 로봇인 치타(Cheetah)의 개발자로 유명하다. 또한 그는 기계공학 분야에서 전기 모터 로봇의 아버지로 불린다. 김상배 교수가 이끄는 생체모방로봇연구소(Biomimetic Robotics Lab)에서는 여러 동물의 움직임에서 관찰되는

〈그림 3-5〉 최초로 전기 모터를 사용한 사족보행 로봇, 치타

자료: 〈MIT 뉴스〉

특징들과 그로부터 얻는 영감들을 로봇을 개발하는 데 적용해 왔다.

DARPA가 후원하고, 2012년에 개발된 로봇 치타 역시 치타의 민첩하고 빠른 움직임에 착안한 것이다. DARPA는 보스턴다이내믹스를 통해서도 사족보행 로봇의 개발을 동시에 진행했는데, 치타의 탄생을 계기로 유압식 모터만 사용하던 보스턴다이내믹스도 전기 모터를 적용하기 시작했다.

2017년에 개발된 치타3는 40kg의 무게로 시속 48km로 달릴 수 있다. 비전 카메라나 환경 센서가 아니라, 접촉 감지 알고리즘을 통해 동작을 컨트롤한다. 또한 자이로 센서(Gyro Sensor)[1]로 3차원 공간을 감지하고, 가속도 센서와 관절 위치 센서를 통해 균형을 잡는다. 아마존의 인공지능 알렉사를 이용해서 음성으로 명령을 내릴 수도 있다.

2019년에 발표한 미니 치타는 무게가 9kg으로 야외의 다양한 환

경에서 보행은 물론 덤블링 등 다이내믹한 움직임이 가능하다. 2022년 MIT의 컴퓨터과학 & 인공지능 연구소(Computer Science & Artificial Intelligence Laboratory, CSAIL)에서는 미니 치타의 주행 속도를 극대화할 수 있는 알고리즘을 개발하여, 다양한 외부 지형 환경에서도 최대 시속 14km를 구현했다. 김상배 교수는 2019년부터 네이버랩스의 기술고문으로도 일하고 있다.

고스트로보틱스의 비전60

고스트로보틱스(Ghost Robotics)는 2015년 펜실베이니아대학교 가빈 케니얼리(Gavin Kenneally, CEO)와 아비크 데(Avik De, CTO) 등 대니얼 코디츠체크(Daniel Koditschek) 교수의 제자들이 주축이 되어 창업한 회사다. 고스트로보틱스의 대표 로봇인 비전60(Vison60)은 특히 액추에이터(actuator) 설계 방식에서 경쟁력이 있다. 낮은 기어비를 사용하고, 센서가 아닌 SW를 통해 힘·토크를 감지하도록 액추에이터를 설계했다. 또한 넓은 시야를 갖고 있고, 험한 지형에서도 활동 가능하며, -40~-55℃의 극한의 온도에서 견딜 수 있다. 군사 작전에 투입됐을 때 10km를 이동할 수 있고, 3시간 이상 운용(22시간 대기)이 가능하다.

비전60은 또한 잠수도 가능한데, 오닉스인더스트리즈(Onyx Industries)에서 제작한 NAUT라는 기기를 장착하면 시속 5km 이상 수중 주행이 가능하다. 보스턴다이내믹스의 사족보행 로봇은 이동

〈그림 3-6〉 군사 용도에 강점을 갖고 있는 비전60

자료: 고스트로보틱스

거리 4km, 1시간 정도만 운용할 수 있고, -20~-45℃에서 가동돼야 한다는 점에서 고스트로보틱스의 사족보행 운동이 군사 용도의 상용화 측면에서 확실히 많은 강점을 갖고 있다.

비전60은 미 공군 틴들 기지, 포틀랜드 공군 주방위군 기지, 영국 국방부 등에 도입된 바 있고, 최근에는 용산 대통령실에도 도입됐다. 아직은 대부분 시험 적용 단계에 있지만, 비전60의 특징과 장점을 고려할 때 미래 전장 환경에서는 군사전략 자원으로서 대규모로 도입될 가능성이 높다. 최근 LIG넥스원은 특수목적법인을 설립하여 2024년 6월 고스트로보틱스 지분 60%를 2억 4,000만 달러에 취득할 예정이며, 이를 위해 특수목적법인의 지분 60%인 1,877억 원을 투자할 계획임을 공시했다. 현대차가 보스턴다이내믹스를 11억 달러에 인수한 것을 고려할 때, 고스트로보틱스를 4억 달러 가치에 취득하는 것은 비교적 합리적인 선택으로 평가된다.

사람처럼 물건을 배달하는 디지트

애질리티로보틱스(Agility Robotics)는 오레곤주립대 조너선 허스트 (Jonathan Hurst) 교수가 2015년에 창업한 회사다. 최근 시카고에서 개최된 국제 창고·물류 전시회인 '프로맷(ProMat) 2023'에서 기존의 이족보행 로봇 디지트(Digit)에 머리 부분을 얹은 물류 작업용 로봇을 선보였다. 창고나 공장에서 물건을 나르는 등 사람이 하던 작업들을 수행할 수 있는 이 휴머노이드의 신장은 175cm, 몸무게는 65kg이며, 16kg의 물건을 들 수 있고, 한 번 충전하면 16시간 작업을 수행할 수 있다.

다리는 타조에서 영감을 받아 개발한 로봇 캐시(Cassie)에서 출발해서 사람과 다른 다소 특이한 형태가 특징적이다. 팔은 파지가 가능하지만 손가락은 없는 단순한 형태이며, 머리에는 LED 등을 통해 친근감을 주는 동시에 간단한 의사소통이 가능하다. 애질리티로보틱스

〈그림 3-7〉 애질리티로보틱스의 디지트 개발 과정

마벨	아틀라스 1.0	아틀라스 2.0	캐시	디지트 V1	디지트 V2/V3
2004-7	2009-13	2014-15	2016-17	2018-19	2019/20

자료: 애질리티로보틱스

는 디지트 4를 내년 상반기 기업고객들을 중심으로 상용화할 계획이다. 통상적으로 제조라인에 쓰이는 산업용 로봇과는 형태가 전혀 다른 휴머노이드 로봇이 투입된다면 과연 비즈니스에 어떤 영향을 가져올지 귀추가 주목된다.

애질리티로보틱스는 창업 초기 DARPA로부터 100만 달러를 투자받았으며, 2018년 플레이그라운드글로벌(Playground Global), 소니혁신펀드(Sony Innovation fund) 등으로부터 800만 달러(시리즈A)를 투자받았다. 2022년에는 플레이그라운드글로벌, DCVC, 아마존산업혁신펀드 등으로부터 1,500만 달러(시리즈B)를 투자받으며 사업화에 박차를 가하고 있다.

창고에서 인간을 돕는 아폴로

앱트로닉(Apptronik)은 2016년 텍사스 인간중심로봇연구소의 제프리 카르데나스(Jeffrey Cardenas, CEO)와 니컬러스 페인(Nicholas Paine, CTO)이 함께 창업했다. 페인은 2015년 DARPA 로봇챌린지에서 NASA-JSC 팀에 속해 NASA를 위한 차세대 액추에이션 및 제어 과제를 수행했고, 이를 바탕으로 로봇 프로젝트를 본격적으로 진행했다. 먼저 휴머노이드 상반신 로봇인 아스트라(Astra)를 개발했는데, 직렬 탄성 토크 제어 액추에이터 기술에 기반한 유연한 손가락을 활용하여 다양한 동작과 여러 가지 작업을 수행할 수 있는 로봇이다. 앱트로닉은 아스트라를 통해 2022년에 1,460만 달러의 벤처 투자를 유치한 바 있다. 이후 앱트로닉은 다리를 갖춘 휴머노이드 로봇인 QDH를 개발

〈그림 3-8〉 디자인 완성도와 활용도가 높은 앱트로닉의 아폴로

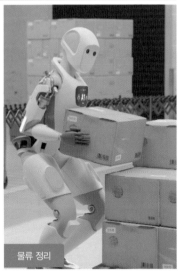

물류 피킹

물류 정리

자료: 앱트로닉

하고 최근에는 이를 발전시켜 키 175cm의 전신 휴머노이드 로봇 아폴로(Apollo)를 공개했다. 특히 아폴로는 디자인적인 측면에서 매우 완성도가 높고, 다양한 동작에 활용될 수 있는 정교하고 유연한 동작 메커니즘을 갖추고 있어 화제가 된 바 있다.

미래의 로봇 월드컵을 준비한다

한편, UCLA의 데니스 홍 교수는 2014년부터 RoMeLa(Robotics & Mechanisms Laboratory)를 이끌고 있다. 그는 DARPA와 미국 국립과학재단(National Science Foundation, NSF) 등의 후원을 받으며 휴머노이드 로봇 외에도 자율주행 시스템, 모빌리티 메커니즘, 소프트 로봇 등 다

자료: RoMeLa

양한 분야의 연구를 수행해 왔다. 그동안 휴머노이드 로봇에서도 오픈소스형 플랫폼인 다윈오피(DARwin-OP), 성인 크기의 찰리(CHARLI), 전술위험 작전로봇인 토르(THOR) 등 다양한 로봇을 개발해 왔다. 최근에는 키 142cm, 무게 38kg의 아르테미스(ARTEMIS)라는 로봇을 개발하여, 2023년 7월 프랑스 보르도에서 열린 '로보컵 2023'에 출전해서 최종 2위에 오르기도 했다. 특히 아르테미스는 유압식이 아니라 전기 모터로 구동되고, 스프링을 통해 힘을 제어하는 방식의 BEAR 액추에이터를 직접 설계해서 탑재한 것으로 알려져 있다.

국내 기업들의 로보틱스 투자에서 찾는 힌트

현대차그룹의 보스턴다이내믹스 투자

2021년 현대차그룹은 미국의 보스턴다이내믹스에 투자했다. 미래 모빌리티의 확장성이라는 관점에서 자동차 기업이 로보틱스 경쟁력을 확보하는 것은 의미가 크다. 미래 기술 역량 측면에서는 SDV를 구현할 수 있는 모빌리티 기업의 경쟁력 위에 SDR의 역량이 더해질 수 있기 때문이다. 또한 현대차그룹은 UAM(Urban Air Mobility)에도 투자하고 있어, 자동차-UAM-로봇으로 이어지는 모빌리티 생태계 전체를 아우르게 된다. 정의선 회장은 현대차그룹의 미래사업에서 자동차가 50%, UAM이 30%, 20%는 로보틱스가 될 것으로 전망한 바있다. 물론 UAM과 로보틱스의 상용화에는 관련 법규나 규제 등에서도 풀어야 할 문제가 많겠지만, 미래 핵심 경쟁력을 보유하고 있어야만 시장이 본격적으로 열릴 때 성장의 기회를 잡을 수 있을 것이다.

현대차그룹이 인수할 당시 보스턴다이내믹스는 1,500억 원의 자본잠식 상태였지만, 현대차그룹은 보스턴다이내믹스 지분 80%(현대차 30%, 현대모비스 20%, 현대글로비스 10%, 정의선 회장 20%)를 9,963억 원에 인수했다. 사실 보스턴다이내믹스는 2014년 구글에 인수됐다가, 2017년에는 소프트뱅크에 1억 달러에 인수됐었다. 소프트뱅크가 연구인력을 늘리고, 로봇 라인업을 물류로봇(핸들)으로 확대하는 등 상용화를 위해 노력을 기울였지만 충분한 성과를 거두지는 못했다. 현대차그룹에 매각하면서 소프트뱅크는 20%의 풋옵션(Put Option, 팔 수 있는 권리)을 남겨놓았다.

현대차그룹은 보스턴다이내믹스를 2026년경에 미국 시장에서 기업공개(IPO)에 나설 계획이다. 이를 위해서는 상용화를 통한 매출 규모 확대와 수익성 확보가 필수적이다. 그러나 앞서 살펴본 바와 같이 휴머노이드 로봇과 사족보행 로봇에서는 상용화 측면에서 경쟁사 대비 우위를 점하지 못하고 있다. 특히 군사 용도의 사족보행 로봇에서 고스트로보틱스의 경쟁력이 워낙 압도적이어서, 동사의 스폿 미니 등은 성능 개선이 없다면 실내 정찰 등 특성에 맞는 일부 시장에만 적용될 전망이다. 따라서 보스턴다이내믹스는 이족보행·사족보행 로봇보다는 최근 물류기업들로부터 수요가 커지고 있는 스트레치 등 물류로봇에서 매출 성장 가능성이 더 높아 보인다.

스트레치는 2022년 DHL과 3년간 1,500만 달러의 투자 계약을 맺었고, 미국 물류기업 NFI가 1,000만 달러의 주문을 낸 바 있다. 물류기업들의 수요가 크다는 점에서 라스트마일 딜리버리(Last-mile Delivery)에서 포트폴리오의 완결성을 높일 필요가 있다. 이 경우 현대차와 시너지를 낼 수 있는 자율주행 배송로봇의 개발 필요성도 제기된다.

보스턴다이내믹스가 상장 시에 밸류에이션 멀티플(Valuation Multiple, 기업가치 대비 시장가치의 배수)을 높게 받기 위해서는 추가적으로 미래 핵심기술 경쟁력을 확보할 필요가 있다. 특히 핵심은 AI 기술 경쟁력이다. 테슬라가 AI 휴머노이드 로봇을 개발하려는 방향과 구현하려는 핵심 기능들을 살펴보면, 보스턴다이내믹스의 로봇은 AI 로봇보다는 스마트머신에 더 가깝다. 현대차가 2022년 8월 보스턴다이내믹스에 AI연구소를 설립하고 4억 2,400만 달러를 투자하기로 결정한 것도 이와 같은 맥락으로 판단된다. 테슬라가 언급한 대로 AI 로보틱스의 핵심기술이 자율주행 기술과 맞닿아 있다면, 현대차의 AI 로보틱스 투자는 동시에 자율주행 AI 기술에 대한 투자로도 연결될 가능성이 높다. 현대차의 현동진 로보틱스랩장도 "자율주행차와 커넥티드카, 소프트웨어 중심 자동차(SDV)도 결국엔 로보틱스와 기술 기반을 공유할 것"이라고 언급한 바 있다.

보스턴다이내믹스는 상장 후 과연 어느 정도의 가치를 받을 수 있을까? 현재 이익 규모는 크지 않지만 장기적으로 성장성이 매우 높은 기업의 경우, 밸류에이션 지표 중에서도 특히 PSR(Price to Sales Ratio)을 많이 적용한다. 현대차가 향후 보스턴다이내믹스에 대해 5조 원 이상의 시장가치를 목표로 한다면, PSR 10배 이상을 적용받으려고

해도 매출 규모를 적어도 수천억 원 수준으로 급성장시켜야 한다. 2022년 보스턴다이내믹스의 매출액은 2,760만 달러(360억 원) 수준에 불과하다. 따라서 보스턴다이내믹스에 대한 투자가 결실을 거두기 위한 현대차의 전략은 크게 두 가지로 요약된다. 첫째, 로보틱스 핵심 역량을 바탕으로 한 상용화와 포트폴리오 다변화를 통해 향후 3~5년에 기하급수적인 매출 성장성을 이끌어내야 한다. 둘째, AI에 대한 투자와 M&A를 통해 로보틱스 산업 내에서도 높은 밸류에이션 프리미엄을 받을 수 있도록 해야 한다.

삼성전자의 레인보우로보틱스 투자

삼성전자는 2023년 레인보우로보틱스에 투자를 단행했다. 2011년 KAIST 오준호 박사가 창업한 레인보우로보틱스는 CEO 이정호 대표를 중심으로 이족보행 로봇 외에도 협동로봇(Cobot), 서비스 로봇 등으로 포트폴리오 다변화를 추진해 왔다. 특히 협동로봇 시장은 덴마크의 유니버설로봇(Universal Robots)이 2008년에 처음 상업화한 뒤 전 세계에 6만 대 이상 보급하며 시장을 선도해 왔다. 유니버설로봇은 2015년 반도체후공정 업체인 테라다인(Teradyne, TER)이 100% 인수했다. 테라다인의 시가총액은 현재 140억 달러 수준이다. 글로벌 협동로봇 시장은 2023년 12억 달러 규모에서 2030년 100억 달러 규모로 고성장할 전망이다(연평균 성장률 35%). 특히 리테일 수요와 연결되는 F&B 분야 등을 중심으로 성장세가 두드러지는데, 국내에서도

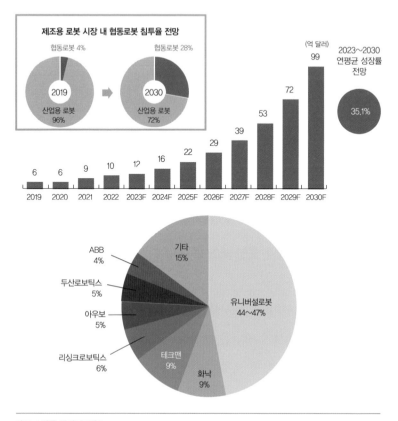

자료: 스탯존, 두산로보틱스

최근 커피, 치킨 등 다양한 푸드테크 파트너들이 늘어나기 시작했다. 레인보우로보틱스의 매출액도 2020년 50억 원에서 2021년에는 89억 원으로 성장했으며, 2021년에는 매출액 140억 원을 기록하고 흑자 전환에도 성공했다.

2021년 이재용 삼성전자 회장은 로봇과 인공지능에 향후 3년간

240조 원의 투자 계획을 밝혔다. 삼성전자는 로봇사업화TF를 로봇사업팀으로 격상하고 본격적으로 사업화 계획에 돌입했다. 삼성전자는 2023년 1월 제3자배정유상증자를 통해 레인보우로보틱스에 589억 원을 투자하고, 지분 194만 주(주당 3만 400원, 지분율 10.2%)를 확보했다. 2023년 3월에는 278억 원(94만 주)을 추가로 투자하여, 총 285만 주를 확보함으로써 지분율을 15%까지 높였다. 삼성전자는 특수관계인에 대한 콜옵션(855만 주)을 보유하고 있기 때문에, 향후 6년 내에 지분율을 60%까지 추가로 늘릴 수 있다. 현재 오준호 박사는 337만 주, 이정호 CEO는 132만 5,000주를 보유하고 있다. 2023년 초 시가총액이 5,000억 원 수준에 불과하던 레인보우로보틱스는 삼성전자의 지분 투자에 힘입어 시가총액이 2조 원을 넘어서더니, 최근에는 3조 원을 넘어서고 있다. 향후 글로벌 로보틱스 시장의 성장에 발맞추어 얼마나 기하급수적인 성장을 이끌어내느냐가 결국 가치 평가에 있어서 관건이 될 것이다.

레인보우로보틱스는 휴머노이드와 사족보행 로보틱스 기술력을 보유하고 있지만, 보스턴다이내믹스와 마찬가지로 상용화 과정에서 많은 난관이 예상된다. 대규모의 수요를 일으키거나 기술적으로 대응하지 못하면, 결국 아시모와 같이 은퇴의 길을 걸을 수밖에 없다. 따라서 협동로봇이 대규모로 적용될 수 있는 분야에 대한 적극적인 시장 발굴과 HW·SW 기술의 내재화가 요구된다. 특히 협동로봇 시장에서는 두산로보틱스 등과의 경쟁이 불가피하다. 또한 삼성전자가 FDA 승인을 진행했던 젬스(GEMS)와 같은 의료용 로봇이나 서비스

로봇 등을 통한 포트폴리오 다각화도 필요하다. 그러나 보다 장기적으로는 삼성전자와 시너지를 낼 수 있는 AI 휴머노이드 분야로 새롭게 포지셔닝할 필요가 있다. AI 휴머노이드 시장은 테슬라 등 새로운 강자들이 출현하면서 큰 변혁이 예고되고 있으며, AI 기술은 물론 반도체와 컴퓨팅 시스템 체계 등 보다 통합적인 기술력이 요구되기 때문이다.

협동로봇 시장의 강자, 두산로보틱스

두산로보틱스는 2023년 10월에 상장되어 2024년 2월 현재 시가총액이 5조 원을 넘어서고 중국을 제외한 글로벌 협동로봇 시장에서 글로벌 시장 점유율 5%의 입지를 구축하고 있다. 자체 생산(수원) 2,200대, 외주 생산 1,000대로 연간 3,200대 생산 캐파를 보유하고 있다. 수원 공장 증설을 통해 2026년까지 생산 캐파를 연간 1만 1,000대까지 확대할 계획이다. 두산로보틱스는 다양한 작업하중(Payload)을 커버할 수 있는 다수의 모델 라인업을 갖춘 것이 장점이다. 현재 E·A·M·H 시리즈 총 13개의 라인업을 보유하고 있다. 특히 하중 20kg인 H 시리즈의 글로벌 시장 점유율은 72%에 달한다.

그러나 2023년 3분기 누적 매출액 362억 원(+17.5% YoY), 영업적자 161억 원으로 실적은 좋지 않다. 지난 3개년 평균 수출 비중은 63%였으나, 최근 48%로 크게 낮아진 것이 수익성에 부정적 영향을 미치고 있다. 특히 금리 상승으로 리스 비중이 높은 북미지역 매출이 부진한 것이 주요인이다. 모듈화 양산 체계를 통해 원가율 개선을 추구하고 있다. 또한 13개의 모델에 6축으로 총 78개의 조인트가 필요한데, 이를 14개의 조인트로 모듈화하여 생산 대응을 하고 있다. 그러나 매출원가율 자체가 65%인 반면, 판관비는 매출액의 70%에 달하여 향후 매출액 성장과 수익성 효율화가 요구된다. 두산로보틱스 역시 고성장이 전망되는 협동로봇 시장을 성장의 타깃으로 하고 있다.

클라우드 로보틱스의 미래, 네이버랩스

네이버랩스는 로보틱스, 자율주행, AI, 디지털 트윈(Digital Twin) 등의 연구를 위해 2017년 네이버에서 분사해 설립됐으며, MIT 기계공학 박사인 석상옥 대표가 이끌고 있다. 2022년 완공된 네이버의 신사옥 1784는 로봇친화형 빌딩으로 100대 이상의 로봇이 다양한 서비스를 제공하고 있다. 네이버가 로봇을 연구하는 이유는 '연결'이라는 네이버의 기업 DNA에서 찾을 수 있다. PC와 모바일에서 생겨난 다양한 서비스들이 물리적 세계와 경계 없이 연결되는 미래 사회에 대비하는 것이 네이버랩스의 미션이다.

네이버랩스는 클라우드를 통한 로보틱스 산업의 발전을 예상하고 있다. 스마트폰이 많은 프로세싱을 클라우드로 처리하는 것과 마찬가지로, 향후 로보틱스는 AI 기술의 발전과 함께 클라우드를 통해 많은 서비스가 접목될 전망이다. 네이버는 세계에서 가장 먼저 클라우드 로보틱스를 시작하여 선도적인 기술을 보유하고 있다. 'CES

2019'에서 네이버랩스가 시현한 브레인리스 로봇(Brainless Robot)은 세계 최초의 5G 기반 클라우드 로봇이며, 이를 상용 플랫폼화한 것이 아크(ARC) 시스템이다. 네이버 1784의 모든 로봇들은 아크 시스템에 연결되어 서비스를 제공하고 있다.

네이버랩스가 2017년 처음으로 공개한 로봇은 자율주행 기술을 바탕으로 3차원 실내 정밀지도를 제작하는 M1이다. 지도상에서 로봇의 위치를 파악하는 리얼타임 2D SLAM 기술과 3차원의 실내지도를 제작하는 3D 매핑 기술이 적용됐다. 또한 어라운드(AROUND)는 실내 자율주행 배달로봇이다. VL(Visual Localization) 기술을 기반으로 자율주행하며, 안정성, 효율성, 편안함, 자연스러움의 네 가지 원칙으로 디자인됐다. 루키(Rookie) 역시 자율주행 로봇으로 네이버 1784에서 택배, 카페, 도시락 등 배달 서비스를 하고 있다.

앰비덱스(AMBIDEX)는 사람과 안전하게 인터액션하는 양팔로봇으로, 사람이 일하는 방식을 로봇의 학습 데이터로 변환시키는 햅틱 디바이스를 통해 정확도를 높였다. 네이버의 두 번째 데이터센터인 '각 세종'에는 고용량 운송로봇들이 도입됐다. 가로(GaRo)는 고중량 서버와 자산들을 운송하는 로봇으로 최대 400kg의 서버를 적재할 수 있고, 최고 2m/s의 속도로 이동한다. 세로(SeRo)는 자산관리 자동화 로봇으로 IT 창고에서 자산의 입출고 관리를 자동화하는 데 쓰인다. 네이버랩스는 실외 자율주행차도 개발하고 있는데, 알트비(ALT-B)는 각 세종에서 무인 자율주행 셔틀 서비스를 하고 있다. 네이버의 알트라이브(ALTRIV) 자율주행 SW 기술을 바탕으로 한다.

〈그림 3-11〉 네이버랩스의 다양한 리서치 로봇

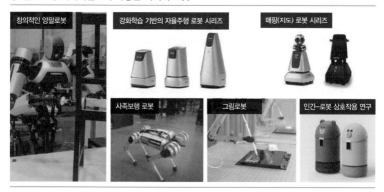

자료: 네이버랩스

〈그림 3-12〉 네이버랩스의 가로, 세로

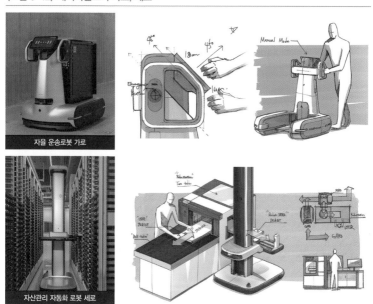

자료: 네이버랩스

소셜 휴머노이드 로봇 동향

사우디아라비아 시민권을 받은 소피아

2015년 이후 휴머노이드 로봇 개발은 DARPA가 추구하는 방향에서 벗어나 새로운 방향을 모색하기 시작했다. 바로 소셜 휴머노이드 로봇이다. 이들은 기계적인 완성도보다는 사람과의 커뮤니케이션 등 인공지능적인 측면에서 발전을 꾀하고 있다. 미국의 로봇공학자 데이비드 핸슨(David Hanson)이 창업한 핸슨로보틱스(Hanson Robotics)는 2016년 소피아(Sophia)라는 로봇을 개발했다. 소피아는 60여 가지 감정을 얼굴로 표현하고 인간과 대화가 가능하다. 인간적인 특징 때문일까? 2017년 소피아는 사우디아라비아 시민권을 받기도 했다. 2021년부터 대량생산을 준비 중이다.

의회 청문회에 참석한 에이다

2019년 영국의 에이든 멜러(Aidan Meller)가 개발한 에이다(Ai-Da)는 그림을 그리고 조각도 할 수 있다. 세계 최초의 휴머노이드 로봇 예술가인 셈이다. 에이다는 AI 알고리즘과 손과 눈에 있는 카메라를 활용해 그림을 그린다. 에이다의 개발에는 로봇공학자와 프로그래머 외에도 미술 전문가, 심리학자 등 다양한 분야의 전문가들이 참여했다. 에이다는 2022년 영국의 의회 청문회에 참석하여 화제가 되기도 했는데, 어떻게 예술 창작을 하며, 에이다의 창작물이 인간의 창작물과 어떻게 다르냐는 상원의원의 질문에 이렇게 답했다.

"눈에 달린 카메라와 AI 알고리즘, AI 로봇팔을 이용해 캔버스에 그림을 그리고, 이를 통해 시각적으로 매력적인 이미지를 만든다. 나는 컴퓨터 프로그램이자 알고리즘이며, 또 나는 그에 의존한다. 비록 나는 생명체가 아니지만 예술을 창작할 수 있다."

〈그림 3-13〉 소셜 휴머노이드 로봇 소피아와 그림 그리는 로봇 에이다

자료: 핸슨로보틱스, 〈AI타임스〉

감정 표현에 뛰어난 아메카

2021년 영국의 엔지니어드아츠(Engineered Arts)가 제작한 아메카 (Ameca)라는 로봇은 현존하는 가장 뛰어난 소셜 휴머노이드 로봇으로 평가받고 있다. 아메카는 특히 생생한 얼굴 표정과 감정 표현이 압권이다. 반투명한 두뇌 안에 표정을 제어하는 17개의 모터가 얼굴 뼈를 움직이거나 와이어를 통해 얼굴 근육을 움직인다. 아메카의 메스머(MESMER)라는 HW 체계는 트리티움(Tritium)이라는 SW 체계를 통해 작동된다. 얼굴 표정을 3D 스캔해서 저장하고, 기계학습을 통해 다양한 얼굴 표정을 구현하는 방식이다. 또한 아메카의 몸은 얼굴, 가슴, 팔뚝, 손목 등 주요 부분을 모듈화하여 조립할 수 있게 제작됐다.

아메카에는 다양한 언어 SW들을 적용했다. 게레온 프랄링(Gereon

〈그림 3-14〉 엔지니어드아츠의 아메카

자료: 엔지니어드아츠

Frahling) 박사가 만든 딥엘(DeepL)을 통해 언어를 감지·번역하고, 오픈AI의 GPT-3·4를 통해 대화를 생성한다. 음성 합성을 위해 아마존이 제공하는 폴리(Polly)의 문자-음성 변환(Text to Voice) API를 활용한다. 폴리 웹사이트에 들어가면 기사를 음성으로 변환하는 콘텐츠 생성이나 온라인 교육 등 다양한 활용 방식이 제공된다. 또한 일레븐랩스(Eleven Labs)의 음성 합성 기술도 적용하고 있다. 일레븐랩스의 SW는 다양한 영화 주인공들의 목소리를 합성할 수 있기 때문에 미디어·광고 측면에서도 많은 활용이 예상된다.

테슬라의 로봇이 제시하는
새로운 가능성

2000년 혼다의 아시모 이후 지난 20년간 휴머노이드 로봇 기술은 많은 발전을 이뤘지만, AI 기술은 최근에 와서 본격적으로 접목되기 시작했다. 테슬라가 이미 많은 공정에 산업용 로봇을 도입했으나 여전히 조립 공정(Assembly)에는 사람의 투입이 불가피하다. 보스턴다이내믹스의 아틀라스는 빠른 동작은 가능하지만 정교한 손을 갖추지 못했고, 아메카는 커뮤니케이션에 특화돼 있기 때문에 제조라인에서의 활용과는 거리가 있다. AI 로보틱스 기술이 많이 발전했지만, 결정적으로 테슬라가 필요로 하는 휴머노이드 로봇은 아직 없다.

그렇다면 테슬라는 자동차 생산 라인에서 어떤 형태의 휴머노이드 로봇을 필요로 할까? 첫째, 인간과 유사한 신체 구조를 갖춰야 유연한 작업 형태에 투입할 수 있을 것이다. 둘째, 정교한 손재주(Dexterity)를 구현해야 정밀한 작업 수행이 가능하다. 셋째, 기존 휴머노이드보다 진보된 인지·판단·제어를 할 수 있는 AI 기술을 결합시

AI 투자 전쟁

켜야 한다. 넷째, 대량생산을 위해서는 액추에이터 등 핵심 부품을 표준화하고 내재화할 필요가 있다.

이러한 관점에서 2022년 9월 테슬라의 'AI 데이'에서는 AI 휴머노이드 로봇의 상용화에 대한 새로운 가능성을 제시했다. 테슬라는 로봇의 관절 구조와 손의 형태를 설계하는 데 있어서, 생물학적 원리에 기초하여 기계적인 유사체(Mechanical Analogue)의 형태로 재해석하는 방식을 택했다. 인간 신체의 관절 구조는 약 200개의 자유도(Degree of Freedom)를 갖고 있는데, 이를 28개의 액추에이터로 압축해서 구현하고, 액추에이터에 부가되는 토크(힘)와 속도, 소모 전력량을 컴퓨터 시뮬레이션으로 분석한 후, 액추에이터를 6개(회전운동 3개 + 선형운동 3개)로 표준화했다. 이러한 핵심 부품 내재화는 대량생산에서 원가를 낮출 수 있는 요인이다.

특히 휴머노이드 로봇에서 정교한 작업을 수행할 수 있는 손을 구현하는 것은 가장 중요한 과제 중 하나다. 아마존의 제프 베이조스

〈그림 3-15〉 생물학적 원리에 기초한 테슬라의 휴머노이드 로봇 설계

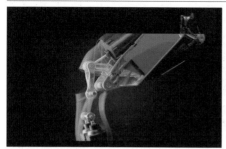

인간의 신체 구성에서 영감을 받은 무릎 관절 디자인 　　　　 생물학적인 영감에 따른 손 디자인

자료: 테슬라

역시 2019년 리마스(re:MARS) 콘퍼런스에서 로봇으로 하여금 사람처럼 손으로 물건을 쥐게 하는 일은 생각보다 꽤 해결하기 어려운 문제라고 언급한 바 있다. 결국 인간은 모든 위대한 창조물을 손을 통해 만들고 구현한다. 테슬라는 손의 구조도 생물학적 영감에 기초하여 기계적으로 디자인했다. 인간의 손이 갖고 있는 27개의 자유도를 11개의 자유도로 압축하여 구현했고, 이를 위해 6개의 액추에이터와 금속 케이블, 스프링 등을 사용했다.

참고로, 로보틱스 업계에서는 인간의 손동작과 미세한 촉각을 구현하기 위한 다양한 연구개발이 이루어지고 있다. 2022년 캘리포니아 공대 헤리지티의학연구소의 웨이 가오(Wei Gao) 교수는 인간과 로봇이 촉각을 공유하고 제어하는 플랫폼(M-Bot)을 개발했다. 로봇의 손에는 은나노 입자 와이어 위에 센서층을 잉크젯 프린팅하고, 젤라

〈그림 3-16〉 독특한 디자인의 여섯 가지 액추에이터

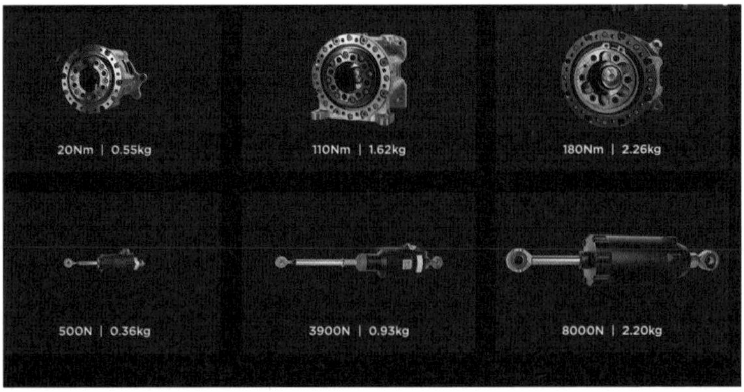

자료: 테슬라

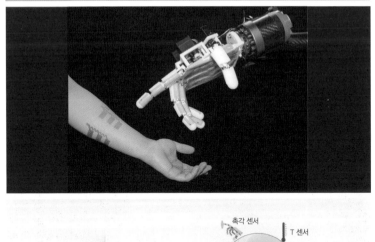

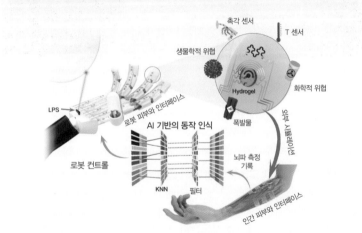

자료: 캘리포니아 공대

틴 하이드로겔 소재로 인공 피부를 구현했다. 사용자는 자신의 근육 움직임을 통해 로봇을 제어하는 동시에, 인공 피부의 센서를 통해 로봇의 움직임을 피드백 받을 수 있다.

2023년 MIT 김상배 교수가 이끄는 생체모방로봇연구소 팀은 반

자료: MIT

사신경을 갖춘 로봇 그리퍼(Gripper)를 개발했다. 인간이 물건을 잡거나 운동을 할 때와 마찬가지로 손의 감각을 활용하는 개념으로, 로봇 팔 밑에 위치한 카메라에서 접촉의 힘과 위치 등을 초당 200회 기록하고 이를 센서로 전달하는 방식이다. 그리퍼는 고속팔과 2개의 다관절 손가락 구조로 되어 있다. 이 연구 과제는 2020년부터 LG전자가 지원하고 있는데, LG전자는 2017년 로봇선행연구소를 신설하고 로봇사업에 본격적으로 뛰어들었다.

SDR, AI 로보틱스의 최종 지향점

테슬라가 추구하는 AI 로보틱스 혁신의 최종적인 지향점은 SDR (Software Defined Robot, AI 기반의 SW 중심 로봇)이 될 것이다. 그동안 로보틱스 산업이 발전하면서 특히 SW 기술을 고도화한 협동로봇이나 휴머노이드 로봇들이 출현해 왔지만, AI 기술을 본격 도입하고 통합 컴퓨팅 시스템을 갖춘 SDR 수준의 고도화는 존재하지 않았다. 테슬라의 옵티머스(Optimus)가 양산된다면, AI 로보틱스 시장에서도 처음으로 SDR의 영역을 개척하는 것이다. 다시 말해, SW 기술이 접목된 로봇들은 스마트머신의 수준에 계속 머무를 것이나, 진보된 형태의 AI 로봇들은 SDR이라는 새로운 영역을 형성해 나갈 전망이다.

SDR의 구현은 AI 반도체에 기반한 로봇, 이를 통합적으로 컨트롤하는 슈퍼컴퓨팅 시스템을 통한 제어·업그레이드, 서비스 체계 등으로 구현된다. 따라서 이를 구현하기 위해서는 로봇(디바이스)에 적용된 AI 컴퓨터 외에, 각각의 디바이스들을 통합적으로 학습시키고 컨트롤하는 슈퍼컴퓨팅 시스템이 필요하다. 또한 이를 연결하는 통신 체계(Over the Air, OTA)를 통해 관리되고 업데이트되는 보다 통합적인 로봇 생태계를 구축해야 한다. 이는 테슬라가 자율주행을 상용화하는 데 있어서 개발하고 구축한 AI 컴퓨팅 시스템이 휴머노이드 로봇에도 유사하게 적용된다는 의미다.

실내 공간에서 자율주행하는 로봇 개발에 있어서는 GPS, NFC를 이용한 AR 네비게이션, LiDAR와 카메라를 이용한 SLAM(Simultaneous Localization and Mapping) 등 다양한 방식이 적용되는데, 테슬라는 자율주행 기술과 마찬가지로 로봇에서도 카메라를 통한 시각 내비게이션 기술을 적용할 계획이다. 이는 로봇에 장착된 3개의 카메라가 실내에서 인식한 주요 물체들을 평면적인 포인트로 구성하고, 이를 조합하여 3차원 공간의 사물 형태를 구성해 나가는 방식이다. 또한 로봇이 중심을 잡고, 움직이고, 걷고, 작업하는 행동을 학습시키는데 있어서 인간의 동작을 모방하게 하고 이를 반복적으로 학습시킨다. 따라서 이러한 AI 학습에 기초한 테슬라의 휴머노이드 로봇은 기계적인 방식에 비해 처음에는 움직임이 둔할 수도 있지만, 시간이 지날수록 빠르고 완벽에 가까운 모션 컨트롤이 기능하게 된다. 특히 테슬라는 이미 HW 3.0, 슈퍼컴퓨터 도조 등 자율주행의 시스템을 갖추고 있다는 점에서, 다른 AI 휴머노이드 로봇들과 차별화될 가능성이 높다.

〈그림 3-19〉 테슬라의 휴머노이드 옵티머스 2세대

자료: 테슬라

특히 대규모의 로봇들을 효과적으로 관리하기 위해서는 SDR 체계 도입의 필요성이 높아질 것이다. 예를 들면, ① 제조라인에 투입되는 대규모 AI 휴머노이드 로봇이나 기존의 산업용 로봇에 대한 관리 ② 유통업, 특히 라스트마일 딜리버리에 도입될 드론로봇이나 배송로봇 ③ 군사적인 용도로 구축이 필요한 대규모 로봇 군단 등이다. 물론 SW 기술이 발전할수록 로봇들은 개별적으로도 더 잘 작동하고 움직일 수도 있겠지만, 보다 효율적이고 완벽한 임무 수행을 위해서는 대규모 로봇들을 통제하고 컨트롤할 수 있어야 한다. 또한, SW 업그레이드나 수리 등 유지·관리의 측면에서도 SDR 체계의 도입이 효율적일 것이다.

골드만삭스는 2035년 휴머노이드 로보틱스 시장 규모가 1,500억 달러(약 200조 원)를 상회할 것으로 전망하고 있다. DARPA 로보틱스

챌린지에서 시작된 휴머노이드 로봇 개발의 역사는 보스턴다이내 믹스와 레인보우로보틱스와 같은 로봇기업들을 탄생시켰다. 그 이후에도 사족보행 로봇 분야에서는 고스트로보틱스, 이족보행 로봇에서는 애질리티로보틱스와 앱트로닉, 소셜 휴머노이드 로봇에서는 엔지니어드아츠와 같은 기업들의 경쟁력이 눈에 띈다. 그리고 2023년 AI 휴머노이드 로봇 시장에서 테슬라의 옵티머스가 등장함으로써 경쟁의 판이 요동치기 시작했다. 테슬라가 FSD 칩과 도조 컴퓨팅 시스템을 통해 자율주행과 SDV 생태계를 구축하고 있듯이, 궁극적으로 AI 휴머노이드 로보틱스 시장을 SDR의 형태로 발전시켜 나갈 가능성이 높아졌다. 따라서 향후 휴머노이드 로보틱스 산업에 진출하고자 하는 기업들은 테슬라가 AI 휴머노이드 로봇 시장에 던지는 핵심적인 메시지와 기술 개발의 방향성을 면밀하게 살펴볼 필요가 있을 것이다.

○ CHAPTER_4 ○

반도체를 알아야
AI 투자 전쟁의
흐름이 보인다

AI 투자 전쟁

AI는 컴퓨팅을 완전히 재창조하는 것은 물론
칩과 시스템, 알고리즘과 툴, 생태계까지 전 영역에 걸쳐서
다시 생각할 것을 요구하고 있다.
엔비디아는 이러한 모든 영역에서 새로운 컴퓨팅 기업이다.

___
젠슨 황

AI 컴퓨팅 시대의 지배자, 엔비디아

AI 반도체 시대를 연 엔비디아

좋은 물건은 비싼 물건이라는 말이 있다. 명품은 아무리 비싸도 잘 팔리고, 심지어 가격을 올려도 더 잘 팔리기도 한다. 이 책을 쓰기 시작했던 2023년 여름 이후에도 엔비디아의 주가는 2배 넘게 올랐다. 주가가 280달러, 시가총액이 7,000억 달러일 때도 엔비디아는 고평가됐다는 의견이 많았다. 2024년 3월 현재, 시가총액이 2조 달러에 이른 엔비디아는 너무 가격이 올라 어쩌면 파는 것이 당연할 수도 있다. 가치주 투자를 지향하는 투자가라면 엔비디아를 보유하고 있기 어려웠을 것이다. 성장주 투자를 선호하는 경우에도 급등한 주가로 인해 행복한 고민에 빠질 만한 상황이다. 그래서 우리가 이 시점에서 다시 봐야 할 것은 엔비디아의 주가를 끌어올린 AI 기술의 본질이다.

AI와 로보틱스를 연결하는 것은 다름 아닌 반도체다. AI는 반도체와 컴퓨팅 HW·SW 기술을 통해 구현된다. ChatGPT에서 시작된 AI 혁명, 그리고 앞으로 본격화될 R의 혁명은 결국 반도체 수요의 성장으로 연결될 것이다. 따라서 향후 AI 컴퓨팅에 대한 투자는 엄청나게 이루어질 수밖에 없다. 그리고 그 가장 중심에 엔비디아가 서 있다.

엔비디아의 주가와 가치를 논하기 전에, 회사의 본질을 얼마나 정확히 알고 있는지가 더 중요하다. 엔비디아를 단지 GPU를 잘 만드는 회사로 보는 것은 정확하지 않다. 우리가 오늘날 마주하는 AI 시대는 단지 칩 하나를 잘 설계해서 시작된 것이 아니기 때문이다. AI 시대의 본격적인 성장을 준비하기 위해 엔비디아는 "컴퓨팅이란 무엇인가?"라는 근본적인 질문에 대해 지난 10년간 끊임없이 고민해 온 것으로 보인다. 엔비디아는 이를 바탕으로 새로운 칩과 컴퓨팅 시스템을 개발하고 발전시켜 왔다.

엔비디아는 2009년 이후 매년 개최하는 GTC(GPU Technology Conference)를 통해 이러한 컴퓨팅 기술의 발전과 혁신을 공유해 왔다. 기존의 전통적인 컴퓨팅은 CPU와 메모리 중심의 폰 노이만(Von Neumann) 구조로 설계되었다. 반면 엔비디아는 GPU를 중심으로 한 병렬컴퓨팅(Parallel Computing) 방식의 설계를 통해 컴퓨팅의 혁신을 추구해 왔다. 또한 모듈화된 컴퓨터 클러스터들을 효과적으로 연결함으로써 AI 과제 해결을 위한 슈퍼컴퓨팅 인프라를 본격적으로 개발했다. 이제 지구 환경 분야, 입자가속기 등 물리학 분야, 신약 개발 등 생명과학 분야부터 자원탐사, 방위산업, 우주산업, 다양한 언어 등

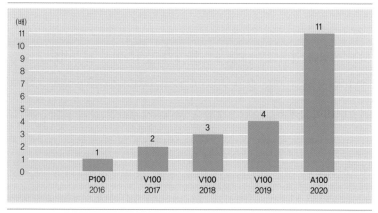

〈그림 4-1〉 4년 동안 11배 향상된 엔비디아의 HPC 성능

자료: 엔비디아

수많은 분야에서 이러한 방식의 컴퓨팅을 필요로 하고 있다. 소위 가속컴퓨팅(Accelerated Computing)의 시대에 진입한 것이다. 현재 전 세계에서 가장 빠른 슈퍼컴퓨터 500개 중 70%가 이미 엔비디아의 시스템으로 교체된 것으로 집계되고 있다.

또한 엔비디아는 2008년부터 표준 프로그래밍 언어를 통해 GPU를 구동하는 알고리즘 체계, CUDA를 확립했다. 각 산업에서 AI 생태계가 기하급수적으로 확산하는 데 선도적인 역할을 해온 것이다. 2008년부터 2015년까지 8년간 컴퓨팅 시장은 10배 이상 급성장했다. CUDA 다운로드는 15만 회에서 300만 회로 급증하고 CUDA 앱은 27개에서 319개로 늘어났으며 테스트 GPU는 6,000개에서 45만 개로 증가한 데다 학술논문도 4,000편에서 6만 편으로 증가했다.

GPU 제조사에서 AI 컴퓨팅 인프라를 구축하는 기업으로

AI 컴퓨팅은 딥러닝의 효율성을 높이기 시작하면서 본격적으로 성장
했다. 인공지능 기술 발전 초기인 2007년부터 스탠퍼드대학교와 프
린스턴대학교에서는 2만 2,000개 범주의 1,400만 장에 달하는 학습
용 데이터를 구축했다. 그리고 이를 바탕으로 2010년부터 2017년까
지 '이미지넷 챌린지(ImageNet Large Scale Visual Recognition Challenge,
ILSVRC)'라는 인공지능 대회를 열었다. 2012년 알렉스 키르체브스키
(Alex Kerchevsky), 일리야 수츠케버(Illya Suskever), 제프리 힌튼(Geoff
Hinton) 세 사람은 CNN(Convolution Neural Network, 합성신경망) 구조의
알렉스넷(AlexNet)을 설계하여, 이미지넷 챌린지에서 우승하게 된다.
8개의 레이어(Layer)로 구성된 최초의 딥 뉴럴 네트워크(Deep Neural

〈그림 4-2〉 2012년 AI 시대의 본격적인 출발점이 됐던 알렉스넷의 아키텍처

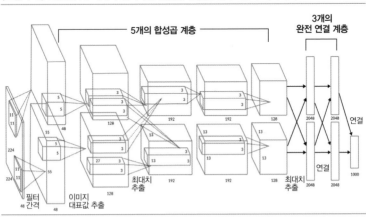

자료: 알렉스 키르체브스키 외, 2012

Network) 모델을 통해, 2011년 74% 수준에 머물던 이미지 인식의 정확도를 85%까지 획기적으로 끌어올렸다. 6만 1,000개의 파라미터를 통해 262페타플롭스(PetaFLOPS, PFOPS)의 연산을 수행할 수 있고, 가장 핵심적인 변화는 엔비디아의 GPU(GTX 580) 2개를 사용했다. 알렉스넷은 젠슨 황이 AI 시대의 빅뱅이라고 평가할 정도로 병렬컴퓨팅 기술이 성장하는 계기가 됐다.

알렉스넷 이후 5년이 지나 구글의 트랜스포머 모델이 등장했고, 10년 전 알렉스넷 설계에 참여했던 일리야 수츠케버는 오픈AI에서 대규모 언어 모델인 GPT-3를 설계했다. GPT-3는 1,750억 개의 파라미터를 통해 323제타플롭스(ZettaFLOPS, ZFLOPS)의 연산을 수행할 수 있을 만큼 큰 발전을 이뤘다. AI의 아이폰 모멘트가 시작된 것이다. 알렉스넷이 GPT-3로 발전하기까지, 단순히 GTX580에서 H100으로 GPU 칩 하나만 바뀐 것이 아니다. 기존에 CPU와 GPU 간의 통신 프로토콜은 PCIe(Peripheral Component Interface Express) 방식을 사용했는데, 2016년 이후로는 엔비디아가 개발한 NVLink라는 인터페이스를 통해 효과적으로 연결되면서 더 빠른 연산이 가능해졌다. 엔비디아는 8개의 P100 칩에 NVLink 인터페이스를 연결하여 DGX-1이라는 HPC(High Performance Computing), 가속컴퓨터를 내놓았다. DGX-1은 V100 GPU를 탑재한 DGX-2를 거쳐, A100 GPU를 모듈화한 DGX A100으로, 최근에는 H100 GPU를 탑재한 DGX H100으로 계속 진화하고 있다. H100에 적용된 4세대 NVLink는 900GB의 인터페이스로 성능이 기존 PCIe5의 7배에 달한다.

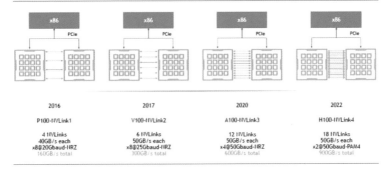

* 칩 간의 연결이 더 촘촘해진다
자료: 엔비디아

〈그림 4-4〉 컴퓨터 클러스터 간의 네트워킹 확장

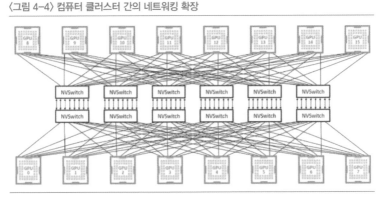

* 인피니밴드를 통해 기하급수적 확장성 구현
자료: 파이버몰(Fiber Mall)

　　또한 컴퓨팅 클러스터 간 연결 기술이 발전하면서, DGX 모듈 수십 개를 연결해 하나의 AI 데이터센터용 슈퍼컴퓨터 시스템으로 발전하게 됐다. 기존에는 이더넷(Ethernet)이라는 일종의 광케이블로 컴퓨팅 클러스터를 연결했는데, 2014년 이후부터는 인피니밴드(InfiniBand)[1]라는 매우 빠르고 효율적인 네트워킹 패브릭(fabric) 연결 기술이 발

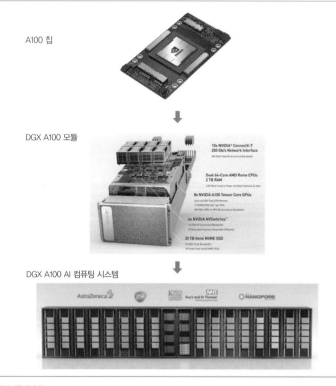

A100 칩

DGX A100 모듈

DGX A100 AI 컴퓨팅 시스템

자료: 엔비디아

전했다. 엔비디아는 2019년 인피니밴드 기술을 보유한 멜라녹스 (Mellanox)를 8조 원에 인수했다. 다시 말해, 엔비디아는 지난 10년간 그래픽카드와 GPU를 파는 회사에서 벗어나, AI 슈퍼컴퓨팅 시스템 과 SW 운영체계(CUDA)를 파는 회사로 완전히 탈바꿈한 것이다.

엔비디아의 GPU와 AI 기술은 최근 반도체 장비에도 적용되고 있 다. 글로벌 반도체 장비 중에서도 가장 중요하고 기술적 난도가 높은 장비는 ASML의 EUV(Extreme Ultraviolet)이다. 대당 가격은 무려 2억

5,000억 달러에 이른다. 지난 수년간 연간 40대를 생산하다가, 2023년부터는 연간 60대를 생산할 예정이다.

노광(Photolithography) 공정은 빛을 통해 웨이퍼 표면에 반도체 회로를 그리는 것으로, 1990년도에는 일본의 니콘이 세계 1위 업체였다. 그러나 2000년대에 들어서며 니콘은 ASML에게 1위 자리를 내주었고, 최근 ASML의 글로벌 시장 점유율은 80% 후반에 이르고 있다. 특히 ASML이 30년 동안 개발한 EUV 장비는 전 세계 독점이다. 2012년에 삼성전자가 EUV 장비 개발을 위해 투자했던 ASML 지분 1.6%, 당시 3,000억 원의 가치는 현재 6조 원에 달한다.

EUV 장비에서 빛은 매우 복잡한 경로를 통해 반도체 회로를 그리게 된다. 진공 상태의 주석(Sn) 입자에 CO_2 레이저를 초당 5만 회라는 매우 빠른 속도로 쏴서 플라스마를 생성하는데, 이를 통해 빛의 입자인 광자를 발생시킨다. 빛은 4개의 거울을 통해 반사되어 마스크

〈그림 4-6〉 ASML의 EUV 장비 내부

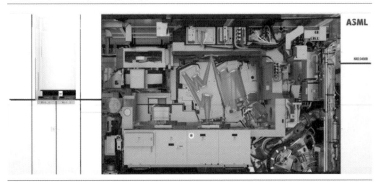

자료: ASML

AI 투자 전쟁

의 패턴을 통과한 후 다시 6개의 거울에 반사되어 최종적으로 웨이퍼 표면에 도달한다. 빛의 간섭이나 굴절 때문에 마스크와 웨이퍼의 최종적인 패턴은 모양이 다르다. 따라서 마스크를 만들기 위해서는 웨이퍼의 최종 패턴에서 광학적 특성을 다시 역으로 계산하고 시뮬레이션하는데, 이를 노광공정 컴퓨팅(Computational Lithography)이라 한다.

전 세계 반도체 업체들은 이러한 노광공정 컴퓨팅을 위해 조 단위의 투자를 하고 있다. 엔비디아는 지난 4년간 ASML, TSMC, 시놉시스(Synopsys)와 함께 노광공정 컴퓨팅에 GPU를 적용하는 기술을 개발했다. 엔비디아 쿨리토(CuLitho)는 기존 CPU를 사용하는 것보다 속도가 40배나 빠르다. CPU는 하나의 마스크(레티클)을 계산해 내는 데 2주가 소요되지만, H100는 8시간 정도밖에 소요되지 않는다. TSMC는 기존에 4,000개의 CPU 서버를 사용하던 노광공정 컴퓨팅을 500개의 DGX H100로 교체하고, 2nm 이하 시장을 준비하고 있다.

메모리 반도체
수요로 연결되는 AI

GPU 중심의 AI 컴퓨팅 혹은 가속컴퓨팅 수요는 메모리 반도체에서 HBM 수요로 연결된다. A100 모듈(〈그림 4-7〉)에서 그래픽 D램(DRAM)이나 HBM은 GPU의 좌측과 우측에 들어가는 칩들이다. 기존에는 GDDR을 사용했으나, 2013년 이후에는 I/O(Input/Output) 속도가 빠른 HBM이 국제반도체표준협의기구(Joint Electron Device Engineering Council, JEDEC)에서 표준으로 채택됐다. 최신 4세대 HBM3는 3세대 HBM2E 대비 1.8배 빨라진 6.4Gb/s의 속도로 초당 819GB(FHD 영화 160편)를 처리할 수 있다. A100 모듈에서는 HBM3 40GB, 80GB를 채택한다. 따라서 DGX A100(A100 8개)에는 HBM3 320GB, 즉 640GB가 채택된다.

　ChatGPT가 전 세계적인 반향을 일으키고 있지만, 전체 서버 시장 규모에서 보면 GPU나 ASIC(Application Specific Integrated Circuit, 주문형

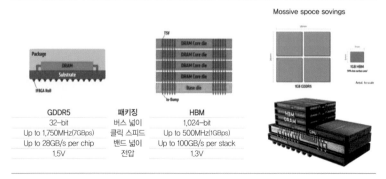

GDDR5	패키징	HBM
32-bit	버스 넓이	1,024-bit
Up to 1,750MHz(7GBps)	클릭 스피드	Up to 500MHz(1GBps)
Up to 28GB/s per chip	밴드 넓이	Up to 100GB/s per stack
1.5V	전압	1.3V

자료: AMD

반도체)를 통해 AI 학습에 적용되는 AI 서버가 차지하는 비중은 매우 낮다. 2022년 전 세계 서버 출하량은 1,350만 대, AI 서버 출하량은 50만 대 수준으로 집계된다. 그러나 향후 5년간 AI 서버 시장은 연평균 40% 이상의 높은 성장세를 보일 전망이다. JP모건의 전망에 따르면, 2027년 AI 서버는 260만 대로 전 세계 서버 시장에서의 비중이 15%로 높아질 것으로 보고 있다. 따라서 AI 서버 시장과 관련된 메모리 시장 역시 장기적으로 높은 성장률을 나타낼 전망이다.

현재 서버 관련 그래픽 D램(GDDR5+HBM)은 전체 D램 매출의 10~15% 수준이며, 특히 AI 서버와 연관되는 HBM은 5%에 불과하다. 따라서 HBM이 D램 시장에서 차지하는 비중은 현재로서는 매우 낮다. 그러나 2024년 이후 HBM 투자 확대에 따라, 2026년 이후 그래픽 D램 비중은 전체 D램 시장에서 20% 이상으로 급성장할 전망이다. 결론적으로, AI 데이터센터 투자 확대는 이제 비로소 본격화됐

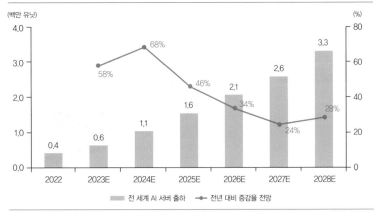

〈그림 4-8〉 향후 5년 이상 급성장할 GPU 중심의 AI 서버 시장

자료: IDC, JP모건, 팔라티노PE

으며, 향후 HBM이 D램 시장에서 향후 20~30%의 의미 있는 비중으로 확대되기 위해서는 관련 수요 증가가 얼마나 가속화되느냐가 가장 큰 관건이 될 것이다.

한편, AI 서버의 원가 구성에서 GPU의 비중이 매우 높은 반면, HBM 등 메모리 비중은 매우 낮다는 점도 메모리 업체 입장에서는 부정적인 변수다. 일반적인 서버의 원가 구성에서는 CPU가 29%로 가장 높지만, D램과 NAND(SSD)의 비중도 각각 10% 이상이다. 그러나 엔비디아의 AI 서버(DGX A100, 11만 3,000달러)에서는 GPU 비중이 70% 이상으로 절대적인 반면, CPU는 12%, D램과 NAND는 각각 5% 수준에 불과하다. A100 대비 가격이 3배에 달하는 H100 서버에서도 GPU의 용량은 더 크게 늘어나므로, 메모리의 경우 원가 비중 면에서는 여전히 낮다. 다만, 최근 엔비디아가 2024년 출시를 예고한

AI 투자 전쟁

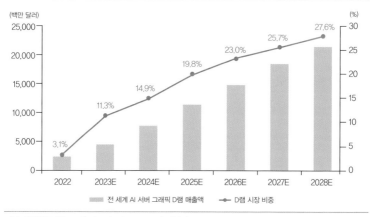

〈그림 4-9〉 전 세계 AI 서버 시장에서 그래픽 D램의 수요

자료: 아이서플리(iSuppli), 가트너, WSTS, JP모건, 팔라티노PE

GH200에서는 HBM3E 용량이 144GB(24GB×6개)로 대폭 증가했다. GH200를 채택하는 AI 서버에서 HBM3E 용량은 1.125TB에 달한다. 이는 메모리 반도체 업계의 입장에서 HBM 수요 증가와 투자 확대를 위한 청신호라 할 것이다.

최근 엔비디아에 대항하기 위해 AMD 등도 새로운 GPU 칩·서버 설계에 나서고 있다. AMD가 개발 중인 MI300이라는 칩은 H100 대비 절반 정도의 가격이므로, HBM 채택 용량은 늘어날 가능성이 있다. 구글의 TPU 등 자체적으로 설계하는 ASIC AI 칩을 채택하는 데이터센터에서도 HBM 채택 용량이 늘어난다. 또한 앞으로 AI 시장에서 추론(Inference) 시장이 성장하게 되면, 현재보다 더 많은 메모리를 채택할 것이라는 전망도 있다. 무엇보다 향후 가장 주목할 시장은 AI 로보틱스 시장이 될 것이다. 특히 AI 휴머노이드나 사족보행 로봇은

AI 반도체(NPU 등)와 메모리(DRAM·NAND) 수요 측면에서 큰 수요를 형성할 가능성이 높다. 특히 최근 테슬라가 개발 중인 AI 휴머노이드 로봇의 경우에는 수년 내 상용화될 것으로 예상된다. 새로운 AI 로보틱스 시장은 아직 글로벌 조사기관이나 글로벌 IB들의 시장 전망에는 명확하게 포함되지 않은 것으로 판단된다.

반도체 장비 최대 수혜, 한미반도체

한편, HBM 양산은 10개 이상의 웨이퍼를 얇게 만들어 붙이고 연결시켜야 하기 때문에 패키징 기술에 있어서도 많은 변화가 나타나고 있다. 삼성전자는 HBM2에서 TC-NCF(Thermal Compression Non Conductive Film) 방식을 사용했는데, 웨이퍼에 절연필름(NCF)을 다리미로 압착하듯이 열을 가하여 필름을 녹이면서 범프(Bump)를 연결하는 방식이다. 필름이 일종의 접착제 겸 유전체로 사용된다. TC-NCF 방식은 웨이퍼와 절연필름이 겹겹이 쌓이면서 발생하는 압력이 칩의 뒤틀림(Warpage)을 가져올 수 있고 발열이 어렵다는 단점이 있다. SK하이닉스는 HBM3에서 MR-MUF(Mass Reflow Molded Under Fill)라는 새로운 방식을 적용했는데, 웨이퍼를 범프로 붙이고 대형 오븐(Mass Reflow)에서 완전히 접합한 후, 에폭시 몰딩 소재(Epoxy Molding Compound, EMC)를 주입하고 오븐에서 굳히는 방식이다. 몰딩 소재는 일본 나믹스(Namics)의 것으로 추정된다. MR-MUF 방식은 웨이퍼 사이에 에폭시 소재를 완전히 채우지 않아 일종의 공기층이 존재하는

〈그림 4-10〉 TC-NCF 방식 vs. MR-MUF 방식

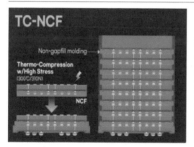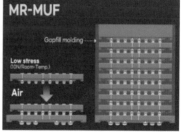

TC-NCF: NCF라는 특수 필름을 활용   MR-MUF: MR-MUF라는 액체성 소재를 활용

자료: SK하이닉스, 삼성증권

〈그림 4-11〉 HBM2E vs. HBM3

HBM2E　　　　　　　　　　　　HBM3

HBM2E		HBM3
3.6Gbps	최대 데이터 전송	6.4Gbps
460GB/s	최대 밴드 폭	819GB/s
8-high	최대 스택(다층)	12-high
16GB	최대 용량	24GB
X	자체 에러 수정	O

* SK하이닉스는 HBM3 이후 MR-MUF 타입으로 변경

자료: SK하이닉스

데, 방열 측면에서도 기존의 TC-NCF 방식보다 유리하다. 쉽게 말해 TC-NCF 방식이 웨이퍼와 필름을 파이처럼 겹겹이 쌓은 것이라면, MR-MUF는 웨이퍼를 일종의 본드로 붙여놓은 형태라고 할 수 있다.

〈그림 4-12〉 한미반도체의 TC본더 그리핀(Griffin)

자료: 한미반도체

〈그림 4-13〉 비메모리 반도체 제조에 적용되는 BESI의 후공정 장비

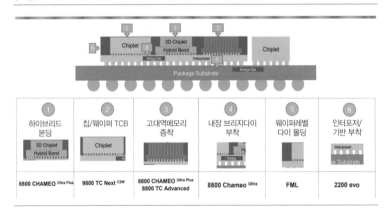

*   새로운 3D 칩렛 구조에 사용되는 다양한 후공정 프로세스
자료: BESI

적층된 웨이퍼들이 몰딩 소재로 접합되어 강성이 높아지므로, 칩 형태로 잘라내는 다이싱 수율 측면에서도 유리하다.

현재 HBM3의 양산에서 가장 중요한 장비는 TC본더로서 특히 한미반도체가 선두에 서 있고, 글로벌 장비업체들 중에서는 일본의 신카와(Shinkawa), 대만의 ASMPT 등이 양산한다. 네덜란드의 BESI(BE Semiconductor Industries)는 현재 시가총액 100억 달러를 넘어서는 후공정 반도체 장비 업체로서 하이브리드 본더(Hybrid Bonder) 등 다이어태치(Die Attach) 장비를 주력으로 양산하고 있다. 이는 TC본더와 같이 웨이퍼 사이를 범프를 통해 연결하는 것이 아니라, 구리 배선의 패드를 직접적으로 접합하는 장비다. 따라서 HBM 4.0에서 16단 이상으로 적층될 경우 현재의 TC본더가 아니라 하이브리드 본더가 사용될 가능성이 있다. 그러나 하이브리드 본더는 TC본더와 비교할 때 훨씬 고가의 장비이며, 어플라이드 머티리얼스(Applied Materials) 등 전 공정에서 반도체 장비 업체와 협업이 필요한 등 고려할 부분이 많다.

3

투자의 기회가 될
AI 반도체 스타트업

엔비디아가 GPU를 바탕으로 AI 컴퓨팅에서 혁신을 주도하는 가운데, 중장기적으로는 ASIC 시장이 더욱 확대될 전망이다. GPT 같은 대규모 언어 모델 등 학습을 위한 데이터센터 투자가 아니라, 앞으로는 디바이스상의 에지컴퓨팅, 특히 로보틱스와 같은 새로운 디바이스가 빠르게 확산되면서 추론을 위한 AI 반도체 수요가 증가할 것으로 예상된다. 예를 들면, 테슬라의 자율주행 시스템에서 훈련을 담당하는 도조 컴퓨팅 시스템에는 엔비디아의 GPU와 마찬가지로 테슬라가 자체 설계한 D1칩이 들어가고, 자율주행을 담당하는 FSD 칩은 추론과 판단을 위한 이미지 프로세싱이 이루어지는 신경망 가속기에 해당한다. 따라서 최근 개발되고 있는 ChatGPT와 같은 LLM 기반의 AI 플랫폼들은 애플리케이션에 최적화된 추론용 AI 반도체 수요로 연결될 전망이다.

〈그림 4-14〉 추론용 AI 반도체 수요 전망

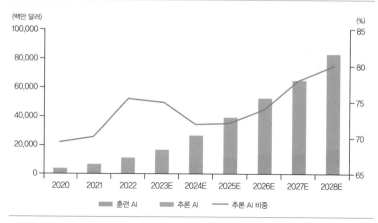

자료: 옴디아(Omdia), 팔라티노PE

특히 향후 AI 반도체 시장에서는 GPU 대비 전력 효율성이 높고, AI 성능에서 최적화를 지향하는 다양한 NPU 반도체에 대한 수요가 크게 증가할 전망이다. 퀄컴은 최근 MS 개발자 회의에서 생성형 AI를 PC, 노트북, 스마트폰 등에서 직접 구현하는 스냅드래곤 컴퓨팅 플랫폼(Snapdragon Computing Platform)을 발표했다. 한편, 인텔은 엔비디아에 대항할 수 있는 AI 딥러닝 프로세서를 만들기 위해 AI 분야에서 여러 건의 M&A를 추진하였는데, 2019년에는 이스라엘의 하바나랩스(Habana Labs)를 무려 20억 달러에 인수했다. 이를 통해 인텔은 2022년 2세대 딥러닝 프로세서 가우디2(Gaudi2)와 추론용 프로세서 그레코(Greco)를 출시한 바 있다.

빅테크기업들은 NPU 스타트업들에 대한 투자를 통해 다가올 AI 시장 성장에 대비하고 있다. 대표적인 NPU 스타트업은 미국의 그로

GPU 서버 공급자	클라우드 사업자	AI 서비스 사업자
	Microsoft Azure Google Cloud amazon web services / NAVER Cloud kakao i cloud	
• 시장 독점, 고가 정책 • 낮은 에너지 효율 • AI 최적화 단계	• 수요 폭증에 따른 인프라 • GPU의 높은 TCO 부담(가격, 운영비, 운영비의 90%가 전력 비용)	• 비용 경쟁력 필수 • 높은 클라우드 사용료 부담

AI 전용 반도체-NPU		
GPU 대비 낮은 에너지 소모와 AI 연산 최적화 → TCO 절감, AI 서비스 비용 절감 가능 → 초거대 AI 모델 대규모 확산에 따른 효과적 대안	FURIOSA groq, SambaNova, Cerebras habana, Cambricon Tenstorrent, GRAPHCORE rebellions_, SAPEON	

자료: GCI, 팔라티노PE

크(Groq), 삼바노바(SambaNova), 세레브라스(Cerebras), 캐나다의 텐스토렌트(Tenstorrent), 영국의 그래프코어(Graphcore), 이스라엘의 헤일로(Hailo), 하바나(Habana), 중국의 캠브리콘(Cambricon), 호라이즌로보틱스(Horizon Robotics), 한국에는 퓨리오사AI(FuriosaAI), 리벨리온스(Rebellions), 사피온(SAPEON) 등이 있다. 최근 현대차는 삼성캐털리스트펀드(Samsung Catalyst Fund, SCF)와 함께 텐스토렌트에 5,000만 달러를 투자한 바 있다. 텐스토렌트는 인텔, AMD, 테슬라, 애플 등을 거치며 반도체 설계 분야에서 전설적인 인물로 평가받는 짐 켈러(Jim Keller)가 창업한 회사다.

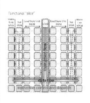

- 미국 실리콘밸리에 본사를 둔 스타트업으로, 2017년 구글 CEO 출신 조너선 로스(Jonathan Ross)가 창업
- 2020년 3분기 1세대 제품인 TSP(Tensor Streaming Processor) 출시. 2021년 7억 달러 기업가치(Pre Value) 시리즈C 펀딩
- 전통적인 타일 아키텍처와 달리 수직 방향으로 동일한 구조를 갖는 20개의 슈퍼레인 블록으로 설계하여, 하드웨어 연산 캐파를 1,000TOPS까지 극대화

Tenstorrent

- 캐나다 토론토에 본사를 둔 스타트업으로, 2017년 AMD 출신 류비사 바이치(Ljubisa Bajic)와 인텔 출신 짐 켈러가 창업
- 2020년 3분기 1세대 제품인 그레이스컬(GraySkull)을 출시하고, 2021년 5월 8억 달러 기업가치 시리즈C 펀딩
- 텐식스(Tensix)라는 독자적인 기본 아키텍처 유닛 120개를 탑재한 구조로, 컴퓨팅 용량을 분할하여 작업을 여러 코어에 분산함으로써 최적의 전력 효율 달성

GRAPHCORE

- 영국 브리스톨에 본사를 둔 스타트업으로, 2016년 아이세라(Icera) 출신의 나이젤 툰(Nigel Toon)과 사이먼 놀스(Simon Knowles)가 공동 창업
- 2020년 4분기 2세대 제품인 Colossus MK2 GC200을 출시하고 2020년 기업가치 25억 달러에 시리즈E 펀딩
- 자체적인 IPU 코어를 설계하여 성능을 극대화했으며, D램을 제외하고 S램만을 활용하여 에너지 효율 향상

habana
An Intel Company

- 미국 캘리포니아에 본사를 둔 스타트업으로, 2016년 DSP그룹의 데이비드 다한(David Dahan)이 창업. 2019년 인텔에 20억 달러에 인수
- 트레이닝용 제품 라인업 가우디2와 추론용 고야(Goya), 그레코(Greco)를 구분하여 출시하고 있음
- TPC(Tensor Processor Core)라는 8개의 CPU를 포함하고 있으며, 특히 트레이닝 영역에 최적화되어 있음

cerebras

- 미국 캘리포니아에 본사를 준 스타트업으로, 2015년 시마이크로 (SeaMicro) 출신 앤드류 펠먼(Andrew Feldman)과 그레이 라우터바흐(Gray Lauterbach)가 창업
- 2021년 3분기 2세대 제품 WSE-2를 출시하고, 2021년 41억 달러에 시리즈F 펀딩
- 웨이퍼 한 장을 칩으로 활용, 메모리 병목 현상을 해결하고 딥러닝의 트레이닝에 필요한 대규모 병렬 연산을 극대화

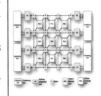

SambaNova®
SYSTEMS

- 미국 캘리포니아에 본사를 둔 스타트업으로 오라클(Oracle) 출신 로드리고 리앙(Rodrigo Liang)과 스탠퍼드대학교 교수 쿤레 올루코툰(Kunle Olukotun), 크리스토퍼 리(Christopher Re)가 공동 창업
- 2021년 4분기 1세대 제품 DataScale SN10을 출시하고, 2022년 8월 기업가치 44억 달러에 시리즈D 펀딩
- 자체적으로 설계한 칩을 서버에 탑재하여 AI 모델까지 트레이닝한 뒤, 프리 트레인드(Pre-trained) 서버를 납품하는 비즈니스 모델

자료: GCI, 팔라티노PE

AI 반도체 설계 기업들과 NPU 기업들이 칩의 성능을 공개하면서 MLPerf(Machine Learning Performance)의 벤치마크 테스트 결과를 공개한다. MLPerf는 스탠퍼드, MIT, 하버드 등 학계, 연구실과 구글, 마이크로소프트, 페이스북 등 업계의 AI 리더로 구성된 컨소시엄으로서, AI 제품들의 HW, SW 및 서비스의 훈련과 추론 성능 등을 평가한다. MLPerf의 훈련을 위한 벤치마크는 비전, 언어, 추천, 강화학습을 비롯한 다양한 활용 사례를 포함하는 여덟 가지 워크로드로 구성돼 있다. 최근 한국의 리벨리온은 2023년 MLPerf v3.0에서 언어 모델과 비전 분야의 핵심 지표에서 좋은 성적을 기록하며 엔비디아나

FURIOSA

- 2017년 AMD, 삼성전자 출신의 백준호 CEO와 삼성전자 출신의 김한준 CTO가 공동 창업
- 2022년 3월 MLPerf 2.0에서 벤치마크 검증을 받은 1세대 워보이 칩을 2023년 2분기부터 삼성전자에서 양산. 컴퓨터 비전에 특화된 칩으로 에지 서버 시장을 목표로 함
- 2세대 레니게이드(Renegade)를 2024년 1분기부터 양산할 계획으로, 2023년 기업가치 5,800억 원에 시리즈C 펀딩

NPU HW Architecture

SAPEON

- 미국 실리콘밸리에 본사를 둔 스타트업으로, 2021년 SK텔레콤의 AI 반도체 개발 부문이 분사하여 창업
- 2022년 3분기 1세대 제품인 X220-콤팩트(Compact)와 X220-엔터프라이즈(Enterprise)를 출시하고 NHN 클라우드에서 테스트 중
- 2022년 9월 MLPerf v2.1에 출전하여 엔비디아 A2보다 우수한 성능을 기록함. 단, 레스넷(ResNet)에만 출전하여 기술력 이슈가 있다

rebellions_

- 2020년 모건스탠리에서 Low Latency Equity Trading용 칩 개발을 담당한 박성현 대표가 창업
- 1세대 제품 ION은 FPGA로 제작되어 성능 테스트를 진행 중이며, 2세대 제품 ATOM은 샘플 칩 출시를 준비 중
- 2023년 MLPerf v3.0에서 뛰어난 퍼포먼스 결과를 얻음. 2022년 6월 기업가치 3,500억 원에 시리즈B 펀딩

자료: GCI, 필라티노PE

퀄컴 대비 우수한 성능을 인정받았다. 한편, 2021년에는 퓨리오사AI가 첫 번째로 상용화한 워보이(Warboy) 칩은 MLPerf의 이미지 분류(ResNet-50), 객체 검출(SSD-Small), 처리 속도(Single Stream Latency) 등에서 뛰어난 성능을 나타낸 바 있다.

대규모 언어 모델   텍스트 이미지   추천

물체 감지(경량)   물체 감지(중량)   이미지 분류

자연어 처리(NLP)   자동 음성 인식(ASR)   생체 의학 이미지 세분화

기후 대기천 식별   우주론 매개 변수 예측   양자 분자 모델링   단백질 구조 예측

자료: 엔비디아

AI 반도체 기업들은 이러한 벤치마크 결과도 중요하겠지만, 실제 상용화 과정에서 더 중요한 요소들이 있을 것이다. 향후 비즈니스를 성장시키기 위해서는 크게 두 가지의 역량과 실행 능력이 요구될 것으로 판단한다.

첫째, HW 설계 능력과 함께 뛰어난 SW 역량을 확보하고 이를 지속, 발전시켜야만 한다. 앞서 살펴본 바와 같이 엔비디아는 이미 CUDA라는 SW 생태계를 갖췄고 수많은 엔지니어들이 이를 활용하고 있다. 특히 AI 모델이 성능을 발휘하려면 HW에서 실행되도록 기계어로 번역하는 컴파일러(실행 코드 생성)를 비롯한 SW 기술의 완성도를 높여나가야만 한다. 실제로 미국의 그로크나 영국의 그래프 코어 등은 SW 기술에서 다소 어려움을 겪고 있는 것으로 파악되고 있다.

둘째, 개발한 칩을 양산으로 연결시키는 과정에서 벤처캐피털을 통한 펀딩이 필수적이다. 고성능의 AI 반도체, NPU 등의 생산은 이미 10nm 이하 공정에서 생산되고 있다. 특히 TSMC에서 파운드리를 하면 GUC와 같은 디자인하우스를 거치게 되는데, 마스크 제작에만 수백억 원의 자금이 소요된다. 즉 AI 반도체 팹리스 비즈니스는 전혀 비용 효율적인 비즈니스가 아니다. 따라서 당연히 비용을 감당하지 못하는 스타트업들은 도태될 수밖에 없다. 그러나 거꾸로 이야기하면 그만큼 쉽게 진입하기 어려운 시장이다. 진입장벽이 높기 때문에 결국 비즈니스화에 성공한 소수의 스타트업만이 살아남을 수 있을 것이다. 따라서 AI 반도체 설계에서 경쟁력을 확보한 스타트업들은 향후 5년 내에 IPO를 추진하거나, 글로벌 반도체 기업 등으로 M&A 될 가능성이 높다.

미래의 판도를 바꿀 AI 클라우드

국가적 보안 문제로 연결되는 AI 클라우드

21세기에 데이터는 곧 새로운 석유다. 인텔의 데이터·AI 책임자인 샌드라 리베라(Sandra Rivera)는 AI 반도체 시장이 매년 25% 성장할 것으로 전망하고, 모건스탠리는 2027년 AI 반도체 시장 규모가 1,200억 달러를 넘어설 것으로 전망하고 있다.

각국 정부들은 AI 반도체를 국가의 핵심 전략 기술로 판단하고 투자를 시작했고, 우리나라도 2023년 'K-클라우드 프로젝트'를 발표했다. 2030년까지 AI 반도체 사업에 8,262억 원을 투자하여, 글로벌 최고 수준의 초고속·저전력 AI 반도체를 개발하고 클라우드 경쟁력을 혁신하는 것을 목표로 한다. AI 반도체를 기반으로 데이터센터당 총 연산용량 10페타플롭스의 고성능 연산이 가능한 저전력 데이터센터

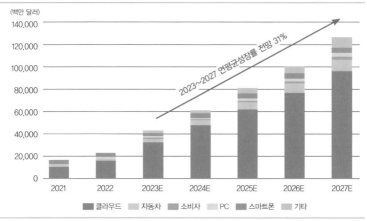

〈그림 4-17〉 전 세계 AI 관련 반도체 시장 전망

(백만 달러)

2023~2027 연평균성장률 전망 31%

■ 클라우드 ■ 자동차 ■ 소비자 ■ PC ■ 스마트폰 ■ 기타

자료: 모건스탠리

를 구축할 계획이다.

특히 1단계 2025년까지는 NPU 개발에 집중하고, 2단계 2028년까지는 저전력 PIM(Process In Memory), 3단계 2030년까지는 극저전력 PIM을 개발할 계획이다. 국내 주요 클라우드 사업자인 네이버클라우드, KT클라우드, NHN클라우드 등은 K-클라우드 프로젝트를 위해 퓨리오사AI, 리벨리온, 사피온 등 NPU 스타트업들과 협력할 예정이다.

한편, 전 세계적으로 국가가 데이터와 인프라에 대한 통제권을 확보하도록 하는 소버린 클라우드(Sovereign Cloud)라는 개념도 대두되고 있다. CSP(Cloud Service Provider) 기업들이 데이터를 통제하고 소유하는 데 따르는 문제점 때문이다. 특히 2018년 제정된 미국의 클라우드 액트(Cloud Act) 법에 따라, 미국 정부가 필요할 경우에는 해외에 있는 서버에 대해서도 열람이 가능해졌다. 이에 따라 유럽에서는 국가 차원의 파트너십에 기초한 퍼블릭 클라우드를 구축하고, 데이터에 대한 통제·소유·자주권에 관한 제도와 보안 장치들을 준비하고 있다.

앞으로는 국가별로 하나의 클라우드 사업자를 선정해 소버린 클라우드를 구축할 가능성이 높은 것이다. 나아가 국가의 핵심 기간산업에도 소버린 클라우드가 확대될 전망이다. 아마존은 소버린 클리우드 초기에는 다소 부정적이었으나, 최근 독일과 스페인에 유럽연합을 위한 소버린 클라우드 설립을 준비하고 있다. VMWare는 14개국에 소버린 클라우드를 공급할 계획이고, AWS, 오라클, 네이버클라우드 등도 시장의 변화에 대비하고 있다.

CHAPTER_5

향후 10년, 다가올 혁신의 스토리를 읽고 투자하라

AI 투자 전쟁

우리는 AI의 아이폰 모멘트에 와 있다

젠슨 황

거인의 어깨 위에 올라타라

빅테크들이 투자하는 분야에 주목하라

지난 10년을 돌이켜볼 때, 애플의 모바일 시장에서의 혁신은 메타, 구글, 아마존의 SNS, 전자상거래 시장으로 이어졌고, 그로 인한 데이터의 급증은 클라우드와 데이터센터의 투자로 이어졌다. 테슬라의 모빌리티·자율주행에서의 혁신, 마이크로소프트(오픈AI)와 구글의 AI 혁신, 엔비디아의 GPU를 중심으로 한 컴퓨팅 혁신, 메타와 애플의 메타버스(공간컴퓨팅) 혁신은 2015년 이후 더욱 가속화되고 있다.

결국은 빅테크들이 적극적으로 투자를 확대하는 분야와 M&A에 나서는 분야에서 향후 5~10년간 높은 성장성이 나올 가능성이 크다. CB인사이트 자료를 보면, 2000년 이후 가장 큰 M&A는 마이크로소프트의 링크드인 인수였으며(262억 달러), 그다음으로는 페이스북의

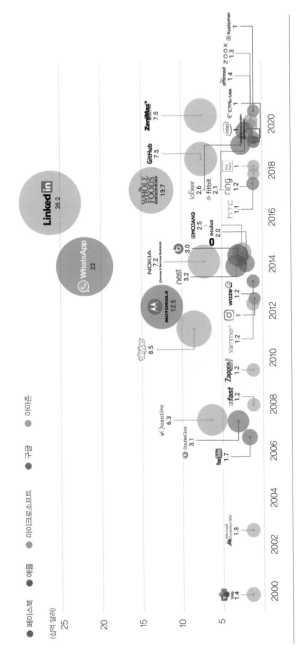

〈그림 5-1〉 글로벌 테크기업의 대규모 M&A 딜 타임라인

● 페이스북　● 애플　● 마이크로소프트　● 구글　● 아마존

(십억 달러)

자료: CB인사이트

AI 투자 전쟁

기업	인수자	M&A 연도	인수금액 (달러)
링크드인	마이크로소프트	2016	262억
왓츠앱	페이스북	2014	220억
홀푸드마켓	아마존	2017	137억
모토로라모빌리티	구글	2011	125억
스카이프	마이크로소프트	2011	85억
제니맥스미디어(Zenimax Media)	마이크로소프트	2020	75억
깃허브	마이크로소프트	2012	75억
노키아	마이크로소프트	2013	72억
에이퀀티브(Aquantive)	마이크로소프트	2007	63억
네스트랩스(Nest Labs)	구글	2014	32억

자료: CB인사이트

왓츠앱 인수였다(220억 달러).

2020년 이후에는 마이크로소프트가 게임회사인 액티비전블리자드를 인수한 것이 가장 큰 규모(687억 달러)였다. 현재 미국 FTC는 인수거래중단 가처분 신청을 기각했고, 영국과 유럽연합의 승인이 남아 있다. 특히 최근 수년간 반도체 분야에서 큰 규모의 M&A 딜이 많았다. 엔비디아의 ARM 인수(400억 달러), AMD의 자일링스(Xilinx) 인수(350억 달러), 마벨(Marvell)의 인파이(Inphi) 인수(100억 달러), 엔비디아의 멜라녹스(Mellanox) 인수(69억 달러) 등은 규모가 매우 컸다. 이러한 M&A를 통해 반도체 산업에는 수직계열화, 과점화, 비즈니스 확장 등 다양한 변화들이 파생됐다.

최근 AI 시장 동향으로 볼 때, 마이크로소프트의 액티비전블리자드

인수, 엔비디아의 멜라녹스 인수, 마이크로소프트의 깃허브 인수는 의미 있는 M&A 딜이었다. 예를 들면, 엔비디아의 AI 컴퓨팅 시스템에서 인피니밴드는 중요한 경쟁 우위 요소가 되고 있다. 델(Dell), 후지쓰(Fujitsu), 레노버(Lenovo) 등 많은 글로벌 컴퓨팅 인프라 제조업체들이 HPC 등 AI 컴퓨팅 제품에 400G 인피니밴드를 사용하고 있다.

한편, 깃허브는 전 세계 소프트웨어 엔지니어들의 코드 저장소로서, 이를 사용하는 개발자가 1억 명을 넘어섰다. 깃허브와 유사한 AI 오픈소스 플랫폼인 허깅페이스(Huggingface)는 최근 45억 달러의 기업가치로 2억 달러를 투자받았는데, 구글, 엔비디아, 아마존, 퀄컴, 인텔, AMD, IBM 등 글로벌 테크들이 대거 투자에 참여했다.

향후 3~5년에 상용화될 분야를 찾아라

이와 같이 글로벌 기업들의 M&A와 투자에서 미래의 성장산업을 찾을 수 있다. 특히 향후 3~5년 이내에 상용화될 가능성이 높은 분야에 관심을 기울일 필요가 있다. 투자 수익률 면에서도 성숙산업보다는 상용화 초기에 있는 산업이 압도적으로 높기 때문이다. 투자에서 흔히 범하기 쉬운 오류는 각 산업과 기업마다 비즈니스의 단계가 다름에도 불구하고, 유사한 밸류에이션의 잣대로 평가하는 것이다. 특히 상용화 초기 단계에 있는 기업일 때 밸류에이션이 너무 비싸다고 생각하고 투자 기회를 놓치는 경우가 많다. 반대로 이미 쇠락 단계에 접어든 기업임에도 불구하고 밸류에이션이 낮다고 투자한다면 실패할 가능성이 높을 것이다. 따라서 밸류에이션을 논하기 전에 그 산업과 기업에서 어떤 변화들이 나타나고 있는지를 먼저 살펴보는 것이 투자에 앞서 이뤄져야 한다.

그렇다면 앞으로 10년을 내다봤을 때, 글로벌 AI 기업들의 혁신과 기술 발전을 통해 우리의 삶에는 과연 어떤 변화가 일어날 것인가? 앞서 살펴본 AI, 로보틱스, 반도체 외에 보다 장기적 관점에서 공간 컴퓨팅, AAM 등 구체적으로 사업화가 진행되고 있는 분야들을 살펴보자.

2

애플이 여는 공간컴퓨팅의 세계

공간컴퓨팅이란 무엇인가

애플의 CEO 팀 쿡은 비전 프로(Vision Pro)를 공개하면서 이렇게 말했다.

"오늘은 컴퓨팅 방식에 있어서 새로운 시대의 시작을 알리는 날이다. 매킨토시가 개인 컴퓨터의 시대를, 아이폰이 모바일 컴퓨팅의 시대를 열었던 것처럼, 비전 프로는 우리에게 공간컴퓨팅(Spatial Computing)을 선보이게 되었다."

애플은 비전 프로를 개발하기 위해 그동안 기술개발그룹(Technology Development Group, TDG) 산하에 약 1,000명의 SW·HW 엔지니어들을 투입해 왔다. 팀 쿡의 선언은 자신들이 개발한 VR 기기가 하나의 새로운 제품일 뿐만 아니라, 컴퓨팅 방식의 혁신으로 연결된다는 뜻으로 해석된다. 도대체 공간컴퓨팅이란 무엇일까?

스티븐 스필버그 감독의 영화 〈레디 플레이어 원〉은 현실 세계와 흡사한 디지털 게임 세상에 완전히 몰입하게 만드는 가상현실(Virtual Reality)을 묘사했다. VR 기기는 1960년 유타대학교의 이반 서덜랜드(Ivan Edward Sutherland)가 고안한 HMD(Head Mounted Display) 기기에서 시작됐다. 한편, 포케몬 고의 열풍으로 이어졌던 증강현실(Augmented Reality)은 쉽게 말해 현실 세계에 디지털 정보가 겹쳐 보이는 것이다. 그리고 이 두 가지 기술이 적용된 혼합현실(Mixed Reality)은 현실 세계에 실제 개체의 3D 이미지를 투영하고, 시각뿐만 아니라 청각과 촉각, 후각도 접목된다. 나아가 확장현실(Extended Reality)은 MR 기술 위에 현실과 가상 세계를 결합시키고, 인간과 기계 간의 상호작용을 추구하는 개념이다. 즉 가상의 컴퓨팅 기기를 통해 PC나 모바일 컴퓨팅을 뛰어넘는 새로운 형태의 컴퓨팅을 구현하는 것이다. 예를 들면, 실재하는 제품, 제조라인이나 공장 등을 가상의 공간 안에 복제하고 구현함으로써 제조업 현장에서도 다양한 공간컴퓨팅이 적용될 수 있다.

'공간컴퓨팅'이라는 용어는 2003년 MIT 미디어랩의 사이먼 그린월드(Simon Greenwold)의 논문에 처음 등장했다.

"공간컴퓨팅이란 실재하는 대상과 공간에 대해 유지하거나 조작할 수 있는 기계와 인간의 상호작용으로 정의한다. 예를 들면, 사용자가 가상의 형태를 만들어 실제 공간에 설치하는 것을 가능하게 하는 시스템이라면, 이를 공간컴퓨팅이라 할 수 있다."

자료: 애플

실제로 MIT 미디어랩에서는 공간컴퓨팅에 관한 여러 선구자적 실험들이 이루어졌다. 이진하, 알렉스 올월(Alex Olwal), 히로시 이시이(Hiroshi Ishii) 등은 '스페이스 톱(Space Top)'이라는 인간과 기계 간의 상호작용 기기를 고안했고, 2013년에 TED에서 소개한 바 있다. PC의 디스플레이를 3차원의 공간으로 설정하고, 디스플레이 뒤의 공간에 손을 집어넣어 디지털 파일을 조작한다는 이 새롭고 놀라운 개념은 인간과 기계 간의 상호작용에 있어서 일종의 경계를 허무는 실험이었다. 이진하 박사는 2012~2015년 삼성전자에서 근무했고, 2017년 스페이셜(Spatial)을 공동 창업해 최고제품책임자를 맡고 있다. 2019년 마이크로소프트는 MWC 행사에서 홀로렌즈2(HoloLens2)를 발표하면서, 스페이셜과 함께 공간컴퓨팅을 구현하고 소개한 바 있다.

마이크로소프트는 2015년에 발표한 홀로렌즈를 통해 AR·MR 기

〈그림 5-3〉 스페이스 톱: 시-스루(See-through) 데스크톱 환경을 통한 2D와 3D의 통합

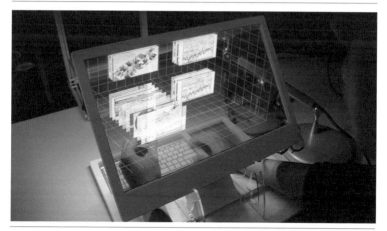

자료: leejinha.com

〈그림 5-4〉 스페이셜의 3D 공간컴퓨팅 협업 플랫폼

자료: TED, 스페이셜

기 개발을 선도해 왔다. 그러나 2019년 홀로렌즈2를 발표한 이후에는 뚜렷한 성과를 내놓지 못하고 있다. 홀로렌즈2는 HMD의 형태로, 레이저+MEMS 광학계를 통해 2K급 해상도를 구현하고, 시야각을

52°까지 확장했다. 카메라, 센서, 스피커 등 많은 부품에도 불구하고 탄소섬유 소재를 사용하여 무게를 566g까지 줄여 호평을 받았다. 또한 스카이프(Skype), 게임, 3D 스튜디오, 가상 여행 등 일곱 가지 애플리케이션을 탑재하며 활용 분야도 넓혔다. 다만 홀로렌즈2가 300달러 이상의 비싼 가격에 출시되어, 주로 군사용이나 기업용 시장에 적합할 것으로 예상되었다.

미 국방부는 2018년부터 마이크로소프트의 홀로렌즈를 바탕으로 육군의 AR 헤드셋을 개발하는 IVAS(Integrated Visual Augmentation System, 통합시각증강시스템) 프로젝트를 추진했다. 군사용 AR 헤드셋은 전장 환경에서 장시간 사용할 수 있는 디스플레이는 물론, 열 영상 등 다양한 센서, 통신 기능을 추가한 것이 특징이다.

2021년 미국 국방부는 마이크로소프트와 향후 10년간 연간 12만 대의 홀로렌즈2를 도입한다는 계약을 체결했다. 그러나 제품 테스트에서 많은 군인들이 어지러움을 호소했고, 결국 2022년 국방부의 관련 예산이 의회에서 대폭 축소됐다. 게다가 마이크로소프트에서 엑스박스(Xbox) 키넥트와 홀로렌즈 개발을 주도했던 알렉스 킵먼(Alex Kipman)은 2021년에 회사를 떠났고, 홀로렌즈 개발팀 역시 HW와 SW로 분할되어 다른 부서로 통합된 것으로 파악된다.

현재 마이크로소프트와의 IVAS 프로젝트는 VR 기기의 문제점을 보완하고 다시 테스트를 진행한 후 결정될 예정이다. 마이크로소프트 내부 상황이 이렇다 보니, 삼성전자와 함께 진행하는 것으로 알려졌던 홀로렌즈3의 개발도 사실상 중단된 것으로 추정된다.

자료: 마이크로소프트

미 국방부와 마이크로소프트가 지난 5년간 추진해 왔던 IVAS 프로젝트의 지연이 결국 XR 기기의 하드웨어적 문제에서 비롯됐다면, 애플은 그러한 문제점들을 해결하는 데 있어서 한걸음 나아간 것으로 판단된다. 즉 애플은 문제 해결의 열쇠를 디스플레이의 HW 스펙 외에 영상 데이터들을 처리하는 반도체 칩에서 찾은 게 아닌가 추측된다. 실제로 주요 AR·VR 기기들의 사양을 보면 이러한 특징들이 잘 나타난다. 홀로렌즈2는 2,480×1,080 해상도의 DLP(Digital Light Processing) 디스플레이와 퀄컴의 스냅드래곤850 칩을 사용한 반면, 애플은 3,800×3,000 해상도의 마이크로OLED 디스플레이와 자체 설계한 M2·R1 칩을 탑재했다. 이렇듯 MR 디바이스의 치명적인 문제점들을 해결했다면 공간컴퓨팅의 발전 속도는 한층 빨라질 수 있을 것이다.

애플의 혁신 DNA, 반도체

오늘날 모든 디지털 디바이스에서 반도체는 가장 핵심적인 부품 중 하나지만, 디바이스 제조기업이 반도체를 직접 설계하는 것은 흔치 않은 일이다. 그러나 우리는 애플의 가장 중요한 혁신의 DNA를 다름 아닌 반도체에서 찾을 수 있다.

2020년 11월 출시한 맥북은 애플이 직접 설계한 SoC(System on Chip)인 M1 칩을 탑재했는데, 가장 큰 이유는 인텔의 CPU에서 발열 등의 문제점이 개선되지 않았기 때문이다. M1 칩은 TSMC의 5nm 공정을 기반으로 생산된 저전력·고성능의 8개 코어로 구성되고, GPU와 NPU, 이미지 프로세서 등이 통합된 칩이다. 애플은 M1 칩에서 CPU가 최대 3.5배, GPU는 최대 6배 빠르면서도 배터리 성능은 이전보다 2배 향상됐음을 마케팅을 통해 강조했다. 사용자가 체감할 수 있는 성능 개선은 SNS와 소비자들을 통해 빠르게 전달됐다. 2021년 1분기 M1 칩을 장착한 맥북에어 등 애플의 노트북 판매는 전분기 대비 20% 증가했다.

애플은 여기에 그치지 않고, 2022년 6월 M2 칩을 선보였다. TSMC의 2세대 5나노에서 생산되어 CPU 성능은 M1 대비 18% 향상됐고, GPU는 35%, 뉴럴 엔진 속도는 40% 향상됐다. M2 칩은 M1 칩보다 50% 증가한 200억 개의 트랜지스터로 이루어졌으며, 메모리 대역폭은 M1 대비 50% 늘어났다. 최근까지도 애플의 노트북 판매가 호조를 보이는 가장 큰 이유가 반도체의 혁신이라 해도 과언이 아닌 이유다.

<그림 5-6> 애플이 자체 설계한 M2·R1 칩이 탑재된 비전 프로

자료: 애플

 2023년 6월에 발표한 애플의 새로운 MR 기기 비전 프로 역시 반도체에서의 혁신이 숨겨져 있다. 비전 프로에는 M2 칩과 새로운 R1 칩이 탑재됐는데, 특히 R1 칩은 12개의 카메라와 5개의 센서, 그리고 6개의 마이크가 입력하는 이미지와 청각 정보를 처리함으로써 사용자의 눈앞에 실시간으로 콘텐츠를 보여준다. 12ms의 매우 짧은 시간마다 이미지를 보여줌으로써, VR 기기의 전형적인 어지러움을 상당히 해소했다.

 AR·VR 기기 경쟁사인 마이크로소프트와 메타는 모두 퀄컴의 칩을 채택했는데, 애플이 자체적으로 새로운 R1 칩을 설계한 것은 분명히 이유가 있을 것이다. 맥북에서 자체 설계 칩을 채택한 것이 매출 성장의 주요인이 되었듯이, 새로운 MR 기기에서도 R1 칩이 제품의 경쟁력에 중요한 요소임을 직감할 수 있다.

메타와 애플, 승자는 누구?

마크 저커버그는 이렇게 언급한 바 있다.

"메타버스가 10년 후 어마어마한 이익을 창출할 것이고, 그 시장으로 갈 것이다."

메타는 2014년 오큘러스를 인수하며 VR 기기 시장에 진출했다. 2020년 400달러의 보급형 제품인 메타퀘스트2(Meta Quest 2)를 출시했고, 2022년에는 1,500달러의 고가 제품인 메타퀘스트 프로를 출시한 바 있다. 최근 메타퀘스트3를 공개했는데, 499달러로 애플의 비전 프로 가격 3,499달러에 비하면 매우 저렴하게 출시됐다.

게다가 두께가 얇은 '팬케이크 렌즈'를 탑재하여 전작 대비 부피를 40% 이상 줄였고, 디스플레이(마이크로OLED)의 해상도는 2,064×2,208로 메타퀘스트 프로보다 개선됐다. 메타는 자체 칩 개발은 하지 않고, 퀄컴의 스냅드래곤 XR2 2세대 칩을 탑재했다. 1세대 XR2 대비 그래픽 처리 성능이 2.5배 개선됐고, AI 연산 기능은 8배 향상됐다. 무게는 515g으로 비전 프로(453g)보다 살짝 무거운 정도다. 특히 메타퀘스트3는 카메라를 통해 외부를 볼 수 있는 '패스 스루(Pass Through)' 기능을 통해 가상과 현실을 오가는 혼합현실(MR)을 구현한 것이 가장 특징적이다. 이를 위해 RGB 카메라 한 쌍과 깊이 감지를 위한 프로젝터를 장착했다.

결론적으로, 애플은 가장 혁신적인 제품을 내놓으며 공간컴퓨팅의 세상을 열겠다고 선언했고, 메타는 기존의 문제점들을 상당히 보

〈그림 5-7〉 MR 시장의 게임체인저로 평가되는 메타퀘스트3

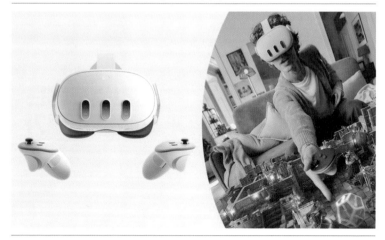

자료: 메타

완하면서도 가성비가 뛰어난 신제품을 내놓으며, 결국 게임체인저
는 메타퀘스트3라는 평가도 나오고 있다. 애플과 메타, 과연 누가 공
간컴퓨팅의 세상을 열어갈지 궁금하다. 카운터포인트리서치의 최근
조사에 따르면, 글로벌 MR·XR 헤드셋 시장 규모는 2022년 3,000만
대 수준이었으나, 2024년에는 7,000만 대, 2025년에는 1억 대를 넘
어설 전망이다.

3

공간컴퓨팅은
어떻게 활용될 것인가

공간컴퓨팅은 다가올 미래에 어떤 방식으로 활용될 수 있을까? 공간 컴퓨팅에서는 PC나 모바일과 같은 기존의 컴퓨팅 기기들과 같이 실재하는 디스플레이 위에 정보를 띄우는 것이 아니라, 가상의 공간 안에 존재하는 디스플레이의 형상을 구현한다. 가상으로 구현하는 디스플레이의 개수에는 한계가 없을 테고, 디스플레이의 형태 역시 정보의 종류에 따라 평면일 수도 있고 3차원이 될 수도 있다.

컴퓨팅 기술의 발전은 다양한 정보나 프로그램을 동시에 처리하는 소위 멀티태스킹(Multitasking, 다중작업)으로 이어졌는데, 공간컴퓨팅에서는 이러한 멀티태스킹이 훨씬 더 발전되고 다양한 형태로 구현될 수 있다. 공간컴퓨팅을 통한 사무 환경을 예로 들면, 관련 자료, 검색 도구, ChatGPT 등을 제한 없이 마음껏 띄워놓고 활용할 수 있을 뿐만 아니라, 협업하는 디지털 트윈과의 커뮤니케이션 등 다양한 형태로 구현할 수 있다.

이러한 공간컴퓨팅은 곧 메타버스 시장으로 연결된다. MIT[1]에 따르면 특히 산업용 메타버스(Industrial Metaverse) 시장은 2030년까지 1,000억 달러(약 140조 원) 규모로 크게 성장할 전망이다. 산업용 메타버스는 기계, 공장, 도시, 교통 네트워크 및 다른 복잡계 시스템을 그대로 복제하고 시뮬레이션하는 것으로, 사용자가 완전히 몰입하도록 하고, 실시간으로 상호 작동하며, 실제 세계와 완전히 일치되고 지속되는 개념이다. 산업용 메타버스 시장을 구현하기 위한 핵심기술인 AI, 클라우드 컴퓨팅, IoT, 디지털 트윈, 네트워크 기술 등이 지속적으로 발전하고 있다.

산업용 메타버스의 적용 분야를 몇 가지 살펴보면, 먼저 자율주행 테스트가 있다. 약 10년 전 구글은 자율주행 테스트를 위해 도심에서 자동차를 주행하며 데이터 축적에 나섰지만, 엔비디아가 메타버스 시스템 안에 도로 환경이나 교통 변수들을 구현하게 되면서부터 실제 주행에만 의존하지 않게 됐다.

실제 제조업 라인에도 적용할 수 있다. 과거에는 공장을 짓고 생산 라인에 기계들이 들어선 다음에야 실제 생산에 대한 테스트가 가능했지만, 산업용 메타버스가 구현되면서 메타버스상에서 제조라인 테스트가 가능해졌다. 실제로 BMW는 2019년부터 AR 앱을 부품 검수 작업에 활용하고, 2021년부터는 엔비디아의 옴니버스(Omniverse)를 디지털 공장 가동에 활용하고 있다.

스마트시티도 메타버스를 적용할 수 있는 분야다. 도시를 조성하거나 큰 국제행사를 진행할 때 발생할 수 있는 여러 가지 문제점을 테스트하는 것은 쉽지 않은 일이었다. 그러나 최근에는 디지털 트윈 도시를 구축하고 교통, 물류, 에너지 등에 관해 다양한 테스트를 진행할 수 있게 됐다. 실제로 두바이 엑스포 2020에서는 스마트시티 앱을 통해 130여 개의 빌딩과 대규모 유동 인구 등을 효과적으로 컨트롤할 수 있었다.

팔란티어테크놀로지(Palantir Technology, PLTR)는 빅테이터 분석을 전문으로 하는 SW 기업으로 2003년 피터 틸, 네이션 게팅스(Nathan Gettings), 조 론스데일(Joe Lonsdale), 알렉스 카프(Alex Karp, CEO) 등이 설립했다. 팔란티어의 주요 고객층에는 CIA, FBI, NSA(국가안전보장국) 등 미국의 주요 정보기관들이 대거 포진해 있다. 팔란티어는 고담(Gotham), 파운드리(Foundry), 아폴로(Apollo) 등 세 가지 주요 서비스 플랫폼을 제공하고 있는데, 특히 고담 플랫폼은 미국 정보 커뮤니티와 미 국방부의 대테러 분석가들이 주로 사용하고, 파운드리 플랫폼은 모건스탠리, 머크(Merck), 에어버스(Airbus) 같은 기업들이 주요 고객이다.

홀로렌즈가 고전을 면치 못하고 있는 마이크로소프트에서 미 국방부 IVAS 프로그램을 담당했던 데이비드 마라(David Marra)가 2023년 초 팔란티어에 합류한 것은 흥미로운 부분이다. 그는 AI와 혼합현실 기술을 군사·정보 분야에 적용하는 팀을 이끌게 됐다. 최근 팔란티어는 AIP(Artificial Intelligence Platform) 개발을 소개한 바 있는데 대규모 언어 모델, 즉 LLM을 활용하되 철저하게 고객 내부 데이터를 기반으로 한 맞춤형 AI 솔루션 제공을 추구한다. 특히 군사적인 목적이나 활용에 있어서 내부 데이터의 활용은 필수적이며, 응용 소프트웨어와 플랫폼의 형태에 대해서도 철저한 보안이 유지돼야 하기 때문이다.

공간컴퓨팅이 활용될 수 있는 다양한 분야가 있겠지만, 디스플레이를 휴대하기 어려운 동시에 많은 정보를 필요로 하는 전장 환경은 가장 크고 중요한 시장 중 하나가 될 것이다. XR 기기의 도입이 가속화되고 보편화되기 위해서는 콘텐츠의 효용성이 중요한데, 특히 AI 기반으로 실시간 제공되는 정보들은 공간컴퓨팅을 구현하는 데 있어서 가장 중요한 요소가 될 것이다. 군사 분야는 공공의 목적이 분명하므로, 하드웨어의 문제점을 해결하고 AI 기술에 기반한 정보 콘텐츠의 유용성이 충분하다면, 향후 적극적인 투자가 이뤄질 전망이다.

세계의 6G 기술 개발 동향

공간컴퓨팅을 구현하기 위한 필수적인 기술 중 통신기술을 빼놓을 수 없을 것이다. 6G의 최고 전송 속도는 1Tbps로 5G의 50배이며, 체감 전송 속도 역시 1Gbps로 5G의 10배에 달하며, 신호 지연은 0.1ms로 5G의 1/10에 불과하다. 또한 지상에 국한되는 5G와 달리 10km 상공까지 서비스가 가능하다. 6G는 ITU(International Telecom Union)의 국제 표준 일정에 따라 2028~2030년경 상용화될 전망이다. 6G 기술은 ① 특히 완전 자율주행의 구현을 위해 더 빠른 속도와 높은 신뢰성이 보장돼야만 하고 ② 항공기·드론·플라잉카 통신을 위해서는 지상의 상공까지도 초광대역 통신 서비스가 이루어져야 하며 ③ 지구 반대편 원격진료 등을 위해서도 더 정밀한 실시간 통신이 보장돼야 한다.

6G 기술 개발을 위해 ① 미국은 2017년부터 DARPA의 주도로 퀄컴, AT&T 등이 연구개발과 표준화를 추진하고 있으며 ② 중국은 2018년부터 과학기술부 주도로 화웨이, ZTE 등을 중심으로 ITU에 제안을 하고 있다. ③ 유럽에서는 노키아가 3GPP(3rd Generation Partnership Project, 이동통신표준화협력기구) 및 ITU를 통해 표준화를 준비하고 있으며 ④ 우리나라는 과학기술정보통신부 주관 아래 2021~2025년 2,000억 원 규모의 6G 핵심기술 개발사업을 추진하고 있다. 특히 삼성전자, SK텔레콤, LG전자 등이 기술 개발과 상용화를 주도하고 있다. 6G 상용화를 위해서는 ① 1Tbps급 전송 속도 실현을 구현하기 위한 기지국과 인프라, 네트워크에 대한 투자가 필요하며 ② 100GHz 이상의 테라헤르츠 주파수 대역을 활용하기 위한 RF 부품이 개발되어야 한다. 또한 ③ 주파수 종단에서 5ns 이하 초저지연성을 구현하기 위한 네트워크 시스템이 필요하고 ④ 지상 10km 내에서 고속으로 비행체에 데이터를 전송하기 위한 위성과 기지국에 대한 투자가 필요하다. 그 밖에도 5G에서는 부분적으로 적용됐던 지능형 무선망 등 AI 기술이 확대 적용돼야 하고, 초고속화에 따른 보안 등 신뢰성 문제도 더욱 강화돼야 할 것이다.

한국의 6G 기술 개발 계획

삼성전자는 2020년 7월 〈모두를 위한 차세대 초연결(The Next Hyper-connected for All)〉이라는 6G 백서를 발간했다. 삼성전자에서 차세대 통신 리서치를 총괄하고 있는 최성현 부사장은 6G의 메가트렌드를 ① 커넥티드 머신(Connected Machines, 기계가 주 사용자) ② AI·ML(무선 통신을 위한 새로운 툴) ③ 오픈네스(Openness, 오픈소스 & 오픈 인터페이스)라는 세 가지 관점에서 설명한다. 2030년까지 통신을 통해 연결되는 기계는 5,000억 개를 넘어설 것이므로 6G는 사람뿐만 아니라 통신망에 연결되는 수많은 기계의 작동을 원활하게 하는 데 초점을 맞추어야 한다는 것이다. 특히 장기적으로 볼 때, 기하급수적으로 늘어날 자율주행차, 로봇 등은 6G의 중요한 연결 대상이 된다. 향후 6G 기술 개발에 있어서는 AI·ML 기술을 통신기술에 맞게 최적화하는 작업이 동시에 이뤄져야 한다. 한편 6G 구현을 위해 많은 회사가 연구개발에 참여하고 있는데, 특히 SW의 경우 오픈소스를 통해 공통적으로 활용하고, 통신사업자 간에는 오픈 인터페이스를 통한 협력이 필요하다는 견해를 제시하고 있다.

삼성전자는 6G 및 공간컴퓨팅 시장에서 초실감 확장현실(Truly Immersive XR), 모바일 홀로그램, 디지털 복제 등을 주목하고 있다. 또한 6G 구현을 위한 기술로는 주파수, 안테나, 증폭기, AI, 네트워크 구성, 분산컴퓨팅 등 다양한 기술의 발전이 이루어져야 하는데, 삼성은 XDD(Cross Division Duplex), 밀리미터 웨이브 풀 듀플렉스

| 초실감 확장현실 | 모바일 홀로그램 | 디지털 본체 |

자료: 삼성전자 6G 포럼

(Millimeter-Wave Full Duplex) 등의 새로운 기술을 개발하고 3GPP에 제안하고 있다. 삼성전자는 '모바일 코리아' 2021년 포럼에서 6G 구현을 위해 실내 12Gbps(30m 거리), 실외 2.3Gbps(120m 거리)에서의 테라헤르츠 PoC(Proof of Concept) 테스트를 공개한 바 있다.

또한, 6G의 주파수 대역으로 테라헤르츠뿐만 아니라 7~24GHz의 주파수 대역이 활용될 가능성도 주목하고 있다. 특히 어퍼미드 (Upper-mid) 주파수 대역은 최근 미국 연방통신위원회(FCC)와 퀄컴, 에릭슨, 노키아 등도 주목하고 있는 6G 주파수 대역이다.

과학기술정보통신부에서 발표한 6G 예비타당성조사 보도자료 (2023. 8)에 따르면, 5G에서 3.5GHz의 용량 한계와 28GHz의 커버리지 한계를 극복하는 어퍼미드 대역(7~24GHz)의 기술을 개발하고, 이를 위해 특히 핵심 부품인 매시브 MIMO(Massive Multipleinput and Multiple Output) 안테나 기술 대비 4배 이상 성능을 향상시킨 익스트림 매시브 MIMO 안테나 기술과 관련한 IC 칩 개발에도 힘을 쏟을 계획이다. 또한 6G에서는 수동형 중계 기술을 바탕으로 한 현재의 기지국이 아니라, 능동형 중계 기술을 활용하여 넓은 범위까지 통신이 가능하도록 할 계획이다. 네트워크 측면에서도 HW 중심이 아니라, 클라우드 기반의 모바일 코어망 SW(Cloud-Native) 기술로 발전시킬 계획이다.

한편, 극도로 빠르고 높은 6G 주파수 대역에서의 안정성 확보도 6G의 중요한 이슈 중 하나다. 2023년 2월 KAIST 연구진들은 6G 테라헤르츠파 생성을 위한 원천기술을 《네이처》에 게재한 바 있다. KAIST 기계공학과 김승우, 김영진 교수와 신동철 연구원[2] 등은 펨토초(10^{-15}초), 즉 1,000조 분의 1초의 레이저 광빗으로부터 2개의 광주파수를 추출하고, 이를 합성함으로써 매우 안정적인 테라헤르츠파를 생성하는 데 성공했다. 기존 테라헤르츠파 생성 방식은 마이크로 원자 시계에 기반한 것이므로, 주파수 안정도를 기존보다 획기적으로 개선할 수 있는 방식으로 평가된다.

(예상보다 빠르게 다가오는 AAM 시장

최근 AAM(Advanced Air Mobility) 상용화 추진은 예상보다 속도가 빨라지고 있다. 각 업체별로 수조 원에 달하는 투자와 펀딩을 통해 기체 개발이 진행 중이고, 정책 당국의 승인과 상용화 스케줄도 대략적인 윤곽을 드러내고 있다. 이차전지 등 몇 가지 도전적인 요소들도 개선되고 있는 상황이다. 자율주행 면에서도 상용화가 빠를 수 있다. 원래 항공기에는 기존에도 자동항법장치라는 것이 존재했었고, 이를 바탕으로 빠르게 발전하고 있는 AI 기술을 접목할 수 있기 때문이다.

생각해 보면 자동차, 사람, 장애물, 돌발 상황 등 여러 가지 복잡한 상황이 공존하는 도로에서의 자율주행보다, 공중의 환경이 오히려 복잡성이 낮을 수 있다. 특히 상업화 초기 단계에서는 더욱 그럴 것이다. 다만 AAM 사업을 추진하기 위해서는 기체 개발 이외에도 관련 법규 수립, 수직이착륙장(Vertiport) 등 인프라 건설, 항로 제어 등을 위한 통신기술 등이 추가적으로 뒷받침돼야 할 것이다.

AAM은 크게 세 가지로 나뉘는데, ① UAV(Unmanned Aerial Vehicle)는 드론으로 화물을 싣고 10km 이내에서 이동하는 것이고 ② UAM(Urban Air Mobility)은 eVTOL(electric Vertical Take-Off and Landing, 전기수직이착륙)로 사람이나 화물을 50km 이내로 운송하며 ③ RAM(Regional Air Mobility)은 eVTOL이나 eSTO(electric Short Take-Off and Landing, 전기단거리이착륙) 등을 통해 50km 이상 이동하는 것이다.

상업화 초기 단계에서는 아무래도 비싼 이용 가격 때문에 제한적인 서비스가 불가피하므로, 특히 공항과 도심을 연결하는 셔틀 수요에 투입될 가능성이 높다. 실제로 델타항공은 전기수직이착륙기 개발 기업인 조비(Joby Aviation, JOBY)에 투자했으며, 아메리칸항공은 버티컬에어로스페이스(Vertical Aerospace)에 400대를 선주문했고, 유나이티드항공은 아처(Archer Aviation, ACHR)에 300대를 선주문했다.

프랑스는 2024년 파리올림픽에서 볼로콥터(Volocopter)의 볼로시티(Volocity)로 시범 서비스를 하기 위해 준비하고 있으며, 일본은 2025년 오사카박람회에서 시범 서비스를 계획하고 있다. 미국 연방항공청(FAA)은 에어택시 서비스 도입을 2028년으로 계획하고 있고, 모건스탠리는 2040년 전 세계 AAM 시장 규모가 1.5조 달러에 이를 것으로 전망하고 있다.

AAM의 기체 타입은 크게 세 가지 방식이 있다. ① 멀티콥터(Multicoptor)는 4개 이상의 고정 프로펠러를 갖춘 분산 추진 형태로 최고 속도 80~100km로 이동하며, 중국의 이항(Ehang), 독일의

구분	멀티콥터형	리프트+크루즈형	틸트로터형
형태			
속도	70~120km/h	150~200km/h	150~300km/h
기술 수준	상대적으로 낮음	중간 수준	가장 높음
운항 거리	50km 내 운항 적합	인접 도시 운항 가능	인접 도시 운항 가능
탑재 중량	1~2인승	1~2인승	2~4인승
기종(기업)	이항 216(이항, 중국) 볼리시티(볼리콥터, 독일)	코라(위스크에어로, 미국)	S4(조이, 미국) 릴리움 제트(릴리움, 독일)
특징	다수의 회전익(Rotor)을 가진 소형 드론을 확대한 형태, 이착륙에는 용이하나 전진 비행에는 비효율적	이착륙에 쓰이는 회전익과 비행에 쓰이는 고정익을 함께 가진 형태	프로펠러가 이착륙 시 수직 방향, 비행 시 수평 방향으로 회전하는 형태로 전진 비행에 효율적

자료: 포르쉐 컨설팅(Porsche Consulting), 한국무역협회

볼로콥터 등이 대표적이다. ② 리프트앤크루즈(Lift and Cruise) 방식은 전진 방향 고정 프로펠러와 수직이착륙 프로펠러로 구성되고, 시속 150~200km로 날 수 있다. 미국 위스크에어로(Wisk Aero)의 코라(Cora)가 대표적이다. ③ 틸트로터(Tiltroter) 방식은 여러 개의 프로펠러를 이착륙과 비행에 적합하도록 각도를 바꾸는 방식으로, 시속 180~250km를 구현할 수 있다. 미국의 조비, 영국의 버티컬에어로스페이스, 독일의 릴리움(Lillium) 등이 대표적이다.

AAM은 아직 상용화를 위한 준비 단계에 있으므로, 각 업체들의 기술력을 바탕으로 한 기체 개발과 더불어 최종 사업화될 때까지 펀

자료: 더레지스터

딩 등의 재무 상황이 매우 중요한 변수다. 선두주자로 평가되는 미국의 조비는 토요타가 12.5%, 공동창업자인 조벤 베비트(Joeben Bevit)와 폴 시아라(Paul Sciarra)가 각각 10%의 지분을 보유하고 있다. 2018년 인텔캐피털, 토요타AI벤처스 등으로부터 1억 달러(시리즈B)를 투자받았고, 2020년 토요타로부터 5억 9,000달러(시리즈C)를 투자받은 바 있다. 또한, 최근 영국 자산운용사인 베일리기포드(Baillie Gifford)로부터 1억 8,000달러, SK텔레콤으로부터 1억 달러를 투자받았다. 2023년 1분기 말 현금 10억 달러 외에 최근의 추가적인 투자를 감안하면 조비의 향후 개발 일정은 순탄할 전망이다. 조비는 틸트로터 방식의 eVTOL인 S4를 개발 중이며, 군사용은 2024년, 민간용은 2025년 상용화를 목표로 하고 있다.

미국의 아처는 2018년 플로리다대학교 동창인 브렛 에드콕(Brett

자료: 아처

Adcock)과 애덤 골드스타인(Adam Goldstein)이 설립한 회사로, 초기 투자가인 마크 로리(Mark Lore)가 15.2%, 스텔란티스(Stellantis)가 7.5%의 지분을 보유하고 있다. 아처는 2023년 1분기 말 4억 5,000달러의 현금을 보유하고 있고, 유나이티드항공으로부터 선주문이 예상된다. 아처 역시 틸트로터 방식의 eVTOL 미드나이트(Midnight)를 개발하고 있고, 2024년 말 FAA 승인을 거쳐 2025년 상용화를 목표로 하고 있다.

독일의 릴리움은 2015년 다니엘 비간드(Daniel Wiegand), 세바스티안 본(Sebastian Born) 등 뮌헨기술대학의 네 명의 박사 과정 학생들이 창업했고, 현재 텐센트가 25%로 가장 많은 지분을 보유하고 있다. 2023년 1분기 말 현금성 자산은 1억 6,000달러에 불과했는데, 최근 2억 5,000달러를 추가로 확보했다. 릴리움은 벡터드 스러스트(Vectored Thrust) 방식의 7인승 eVTOL 제트를 개발 중이며, 2025년 상용화를

자료: 슈퍼널

목표로 하고 있다.

현대차그룹은 미국의 독립법인인 슈퍼널(Supernal)을 통해 eVTOL 개발을 추진하고 있다. 2019년 UAM 사업 추진을 위해 NASA에서 항공연구를 총괄하던 신재원 부사장을 영입했고, 2022년부터 현대차 AAM사업본부 사장과 슈퍼널의 CEO를 맡고 있다. 슈퍼널은 본사를 미국 워싱턴DC에 두고, 캘리포니아 어바인과 프리몬트에 엔지니어링 본사와 R&D센터를 설립했다. 슈퍼널은 최근 마이크로소프트와 기체 개발과 비행 시뮬레이션, 자율주행 등 기술 개발을 위한 기술 공동연구 협약을 체결하였고, 그 밖에도 롤스로이스, 어반에어포트, 사프란 등과 협업을 진행하고 있다. 슈퍼널은 미국에서 2028년 상용화하고, 2030년에는 지역 간 항공 모빌리티(RAM) 기체를 상용화할 계획이다.

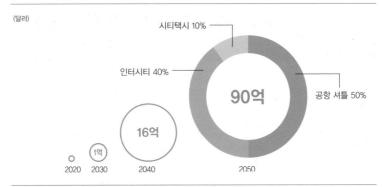

〈그림 5-12〉 UAM 매출 전망(2020~2050)—공항 셔틀의 비중

(달러)

시티택시 10%

인터시티 40%

90억

공항 셔틀 50%

16억

1억

2020 2030 2040 2050

자료: 롤랜드버거

한편, 한화시스템과 한화에어로스페이스가 1억 7,000달러를 투자한 오버에어(Overair)는 드론의 아버지라고 불리는 에이브 카렘(Abraham Karem)이 설립한 카렘에어크래프트(Karem Aircraft)에서 2020년에 분사한 회사다. 에이브 카렘은 중동전에서 맹활약한 이스라엘군의 무인기인 타디란 마스티프(Tadiran Mastiff)를 설계했고, 이는 DARPA의 후원으로 개발한 미국의 무인항공기 프레데터(Predator)로 이어졌다. 현재 6인승 eVTOL 버터플라이를 개발하고 있으며, 2026년 상용화를 목표로 하고 있다.

AAM 사업은 기체 개발을 위한 엔지니어 확보와 투자, 정책 당국의 승인과 사업 허가 등 험난한 과정이 예상되지만, 상용화가 이뤄지면 사업화 초기 5~10년의 성장성은 가파르고 수익성도 예상보다 높을 것으로 판단된다. 조비가 제시한 eVTOL 수익 전망[3]에 따르면, 1대를 1년간 운행하면 220만 달러의 매출과 100만 달러의 영업이익

AI 투자 전쟁

창출이 가능하다. 이를 디스카운트해서 영업이익률을 35%로 가정한다 하더라도, 미국의 한 도시에서 250~300대의 eVTOL을 운행할 경우 연간 6억 달러의 매출액과 2억 달러의 영업이익 창출이 가능하다는 뜻이다. 특히 높은 수익성은 주목할 부분인데, eVTOL 사업은 판매가 아니라 운송 서비스 사업으로 진행된다는 점이 이와 같이 높은 수익성이 가능한 배경이 될 것이다. 다만, 목표로 하는 매출과 수익성을 달성하기 위해서는, 향후 각 도시별 AAM 서비스 기업에 대한 정책당국의 적절한 사업권 배분이 중요한 변수가 된다. 따라서 현대차 슈퍼널의 워싱턴DC 본사 설립은 향후 사업 전개에 있어서 긍정적인 부분이다.

5

서서히 암호를 풀어가는
양자컴퓨팅

향후 10년 내 상용화될 혁신적인 기술 가운데 하나로 양자컴퓨팅을 꼽을 수 있다. 빛은 입자인 동시에 파동이라는 물질의 이중성과 불확정성의 원리로 대표되는 양자역학(Quantum Physics)이 그 출발점이다. 미국의 저명한 이론물리학자 리처드 파인만은 1982년에 한 논문⁴을 발표한다. 이 논문에서 파인만은 양자역학을 바탕으로 당시 컴퓨터보다 훨씬 뛰어난 슈퍼컴퓨터를 만들 수 있다는 가능성을 처음으로 제시했다. 1985년 옥스퍼드대학교의 데이비드 도이치(David Deutsch)는 양자 게이트 설계의 가능성을 제시했고,⁵ 1994년에는 MIT 응용수학과의 피터 쇼어(Peter Shor) 교수가 양자역학을 이용한 소인수분해 알고리즘이 고전 방식보다 효율적임을 밝힌 바 있다.

일반 컴퓨터가 0과 1의 비트(Bit)를 연산의 기본 단위로 한다면, 양자컴퓨팅에서는 0과 1이 동시에 존재하는 큐비트(Qubit, Quantum Bit)

AI 투자 전쟁

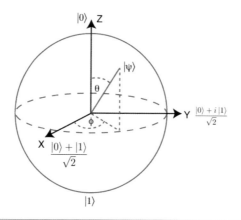

* 큐비트는 비트(0, 1)와 같이 일차원적인 것이 아니라, 공간상의 구와 같이 확률적인 분포의 형태를 띤다
자료: www.quantum-inspire.com

를 바탕으로 한다. 큐비트를 기하학적으로 표현하면 〈그림 5-13〉과 같은 구(Bloch Sphere)의 표면에서 0과 1 사이의 어느 한 지점에 있을 확률이 된다. 동전 던지기를 한번 생각해 보자. 동전이 바닥에 떨어지면 앞면이거나 뒷면이다. 그러나 공중에서 회전하는 동안에는 앞면과 뒷면이 계속 바뀌므로, 마치 동시에 존재하는 것과 같다.

양자역학에서는 이를 '중첩(Superposition)'이라고 표현한다. 또한 동전의 앞면을 0, 뒷면을 1이라고 하고, 2개의 동전을 던지면 비트에서는 (0, 0), (1, 0), (0, 1), (1, 1)의 경우를 순차적으로 계산하지만, 큐비트에서는 네 가지 결과를 동시에 제시할 수 있다. 하나의 답을 알면 다른 답도 동시에 찾아낼 수 있는 것은 '얽힘(Entanglement)'이라는 특성 때문이다. 이것은 마치 낮의 반대는 밤, 봄과 여름이 지나면 가

을과 겨울이 온다는 것을 아는 것과 같은 이치다. 우주 만물이 셀 수 없이 다양한 것처럼, 큐비트의 연산 능력도 2의 n승으로 증가한다. 10큐비트의 연산 능력은 2^{10}=1,024, 20큐비트는 2^{20}=1,048,576, 30큐비트는 2^{30}=1,073,741,824 등으로 기하급수적으로 늘어날 것이다. 흔히 양자컴퓨팅의 계산 속도가 엄청나게 빠르다고 하는 이유다. 그러나 정확하게 표현하면 양자컴퓨팅은 단순히 병렬적인 연산이 빠른 것이 아니라, 변수들이 무수히 많은 복잡계 혹은 비선형적인 문제 해결에 있어서 더 빠르다는 의미다. 날씨나 교통, 빅데이터, 생명과학, 입자가속연구소, 항공우주 등 여러 가지 분야에서 활용될 전망이다.

양자컴퓨터는 앞서 언급한 양자 중첩이나 얽힘과 같은 특성을 제대로 구현해 주어야 하는데, 이를 위해 다양한 방법들이 추구되고 있다. 대표적으로 IBM, 구글, 리게티(Regetti Computing, RGTI), 디웨이브 퀀텀(D-Wave Quantum, QBTS) 등은 초전도체(Superconductor) 방식을 사용하고, 아이온큐(IONQ), 옥스퍼드아이오닉스(Oxford Ionics), 퀀티넘(Quantinuum) 등은 전자기장을 이용해 이온을 자유공간에 띄우고 트랩 안에 가두는 이온트랩(Trapped Ion) 방식을 적용하고 있다.

극저온 초전도체 방식에서 양자컴퓨팅의 선두주자 자리를 놓고 구글과 IBM은 치열한 경쟁을 벌이고 있다. 구글은 2019년 53큐비트의 시카모어(Sycamore) 프로세서가 슈퍼컴퓨터의 성능을 넘어서는 소위 '양자 우위(Quantum Primacy)'를 달성했다고 발표했고,[6] 최근에는 70큐비트의 시스템을 공개했다. IBM은 2021년 127큐비트의 이글(Eagle) 프로세서를 발표한 데 이어, 2022년에는 무려 433큐비트의 오스프리(Osprey) 프로세서를 발표하며, 큐비트 경쟁에서 한발 앞서 나가고 있다.

극초전도 방식은 큐비트 수를 늘리는 데는 유리한 반면, −273 ℃에 달하는 극저온을 유지하기 위한 장치가 필요하다는 단점도 있다. 또한 큐비트 숫자가 늘어나면 양자 얽힘을 유지하기 어려워 오류가 발생할 확률이 오히려 더 커질 수도 있다. 따라서 '양자 오류'를 정정하는 것이 또 다른 난제가 된다. 이를 위해 구글은 큐비트를 추가하여 오류를 수정하고 있고, IBM은 오류를 유발하는 노이즈를 SW로 제거하는 방식으로 접근하고 있다. IBM은 최근 127큐비트의 이글 프로세서를 활용한 양자컴퓨팅 시스템에서, 이러한 오류 완화 방식을 통해 물리학 분야의 난제에 대해 정확한 결과를 얻었다고 발표했다. 이는 2023년 6월 《네이처》 표지 논문으로 실린 바 있다.[7]

이온트랩 방식의 선두주자인 아이온큐는 2015년 듀크대학교 김정상 교수(CTO)와 메릴랜드대학교 교수 크리스토퍼 먼로(Christopher Monro, Chief Scientist)가 공동 창업한 양자컴퓨팅 기업이다. 먼로 교수는 1995년 미국 표준기술원(National Institute of Standards and Technology, NIST)에서 데이비드 와인랜드(David Wineland) 박사(2012년 노벨 물리학상 수상)와 함께 '퀀텀 게이트(Quantum Gate)'라는 양자컴퓨터 논리회로를 개발했고, 김정상 교수는 2004년에 벨랩(Bell Lab)에서 일하면서 이온트랩을 반도체 칩과 같이 설계하는 기술을 고안했다. 또한 MIT AI 랩, 아마존 출신의 피터 채프먼(Peter Chapman)이 이사회 의장과 CEO를 맡고 있다.

아이온큐는 희토류인 이테르븀(Ytterbium, 원자번호 70) 원자를 이용해 이온트랩을 만드는 데 독보적인 기술력을 갖고 있다. 이온트랩 방식은 초전도체 방식과 달리 상온에서 구현할 수 있는 것은 장점이나, 큐비트를 늘리는 데 기술적으로 한계가 있다. 이에 대해 김정상 교수는 이렇게 설명한다.

"양자컴퓨터는 논리 게이트를 그때그때 만들어 양자정보를 계속 이동시켜야 합니다. 다른 기업들의 경우에는 논리 게이트를 바로 만들 수 없어 오류가 쌓입니다. 이렇게 되면 큐비트가 수백 단위여도 10큐비트에 미치지 못하는 결과가 나올 수 있습니다."

실제로 아이온큐의 큐비트 수는 2023년 현재 29개에 머물고 있으며, 비트 수를 늘리기보다는 연산의 정확도를 높인다는 계획이다. 결국 양자컴퓨팅 상용화의 경쟁력은 어떤 산업 분야와 기업에 구체적으로 적용되느냐가 관건이 될 것이다.

한편, 2011년 세계 최초로 양자컴퓨터를 상용화한 캐나다의 디웨이브는 2017년 2,000큐비트를 발표했고, 최근에는 5,000큐비트까지 서버 형태로 구현하고 있다. 다만, 구글이나 IBM과 같은 양자 게이트 방식이 아니라 양자 어닐링(Quantum Annealing) 방식으로, 특정한 종류의 알고리즘 최적화에 주로 활용되는 것으로 알려져 있다.

또한 초전도체 방식과 같이 극저온을 구현해야 하는 단점에서 벗어나, 상온에서 시스템을 구현할 수 있는 광 기반 양자컴퓨팅 기술도 연구되고 있다. 광섬유로 광자를 주고받을 수 있고, 별도의 전자기장 차폐나 고진공, 냉각장치 등이 필요 없으며 모듈 형태로 확장이 용이

〈그림 5-14〉 IBM · 구글의 초전도체 방식과 아이온큐 이온트랩 방식의 모듈 사이즈 비교

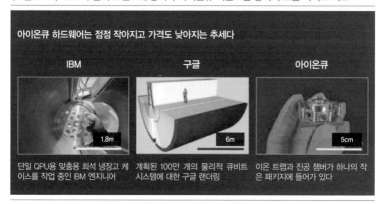

자료: 아이온큐

다는 장점이 있다. 반면, 오류 비율이 높다는 점은 단점으로 부각되고 있다. 이 분야에서는 캐나다의 제너두(Xanadu), 영국의 오르카컴퓨팅 (ORCA Computing), 프랑스의 콴델라(Quandela) 등이 알려져 있다.

한편 삼성전자는 전략혁신센터(SSIC)의 삼성캐털리스트펀드를 통해 2019년 아이온큐에 5,500만 달러 규모의 투자에 참여했다. 삼성의 벤처 투자는 삼성넥스트(Samsung NEXT Venture), 삼성캐털리스트펀드, 삼성벤처투자 세 곳의 CVC(Corporate Venture Capital)를 통해 이뤄지고 있다. 주로 클라우드, AI, 바이오 · 헬스케어, 블록체인 · NFT, 로보틱스 등 미래 신성장 산업에 투자하고 있다. 삼성넥스트펀드는 2017년 1억 5,000만 달러 규모로 설정됐고, 지금까지 전 세계 80여개 스타트업에 투자해 왔다. 삼성캐털리스트펀드는 데이비드 골드슈미트(David Goldschmidt) 등 10명의 베테랑 벤처캐피털리스트들로 이루어진 전문가 조직으로, AI, 오토테크(Auto-tech), 데이터센터 · 클라

우드, 디지털 헬스케어, IoT 등의 분야에 주로 투자하고 있다.

아이온큐 외에도 삼성은 양자컴퓨팅 분야에 투자하고 있는데, ① 2019년 삼성넥스트를 통해 하버드대 양자정보과학연구소 출신 연구원들이 창업한 SW 기업 알리로테크놀로지(Aliro Technologies)에 270만 달러를 투자했고 ② 2021년에는 삼성넥스트를 통해 이스라엘 퀀텀머신스(Quantum Machines)의 5,000만 달러(시리즈B) 투자에 참여했다. 퀀텀머신스는 2018년에 설립됐으며, 양자컴퓨디의 구축과 운영을 위한 하드웨어 플랫폼 퀀텀오케스트레이션(QOP)을 제공하고 있다. 양자컴퓨터 최초의 표준 범용언어인 QUA를 발표하기도 했다. ③ 2022년에는 삼성넥스트가 휴렛팩커드와 함께 이스라엘의 양자컴퓨팅 SW 회사인 클래시크(Classiq)에 330만 달러를 투자했다.

AI 투자 전쟁

길가의 가장 높은 곳, 두 길이 만나는 곳에 지혜가 서 있다.

《잠언》 8장 2절

AI 투자 전쟁

우리는 우리가 만든 기술에 의해 새로운 세계를 탐험할 것이다.
우리는 우리가 만든 기술에 의해 새로운 차원을 열어볼 것이다.
우리는 우리가 만든 기술에 의해 새로운 실체를 발견할 것이다.
우리는 우리가 만든 기술에 의해 새로운 신비를 경험할 것이다.

레이 커즈와일, 《특이점이 온다》

새로운 기술과 혁신이 열어갈 놀라운 미래

혁신하는 기업에 맞서지 마라

영화 〈빅 쇼트〉는 금융위기 당시 투자가들의 실화를 바탕으로 한 영화다. 미국 부동산 시장의 상승세가 지속되면서 금융기관들은 서브프라임 모기지론과 관련된 엄청난 규모의 파생금융상품(MBS, CDS)을 만들어 팔았는데, 주택시장의 거품이 하락하면 결국 이 시장도 무너질 것이라는 데 베팅(숏 셀링)한 투자가들이 영화의 주인공이다. 특히 사이언캐피털(Scion Capital)의 마이클 버리(Michael James Burry)는 널리 알려진 실존 인물이며, 그 외에 영화 속의 마크 바움은 프런트포인트(FrontPoint Partners) 헤지펀드에서 일하던 스티브 아이즈먼(Steve Eisman), 제레드 베넷은 도이치뱅크의 트레이더 그레그 리프먼(Greg Lippman)이 그 실존 인물이라고 한다.

모기지 시장의 흐름이 예상과 달리 하락하지 않자, 마이클 버리가 사무실에서 나오지 못한 채 투자 손실을 견디고 버티는 모습은 특히 펀드매니저들에게 큰 울림을 주었다. 이렇듯 매크로(경제) 데이터를 바탕으로 모기지 파생상품 시장이라는 아킬레스건을 공략했던 마이클 버리는, 리먼브라더스의 파산과 글로벌 경제위기라는 태풍의 한 가운데에서 전설적인 투자가로 이름을 남겼다.

2021년 여름 즈음, 마이클 버리가 테슬라에 대해 7억 달러가 넘는 공매도와 더불어, 아크인베스트먼트 매니지먼트(ARK Investment Management)의 ETF에도 3,000만 달러의 숏 포지션에 투자한 것으로 알려져 화제가 됐다. 아크인베스트먼트는 얼라이언스번스타인(Alliance Bernstein) 자산운용 출신의 캐시 우드(Catherine Wood)가 2014년에 설립한 미국의 자산운용사로, 특히 혁신적인 기업들에 집중적으로 투자하는 ETF를 출시하며 급성장했다.

아크인베스트먼트가 운용하는 주요 ETF는 ARKK(이노베이션), ARKQ(자동화 기술 & 로보틱스), ARKG(유전공학), ARKF(핀테크) 등이다. 특히 2020년 ARKK는 1년 만에 170%가 넘는 기록적인 수익률을 달성하여 전 세계 투자가들을 열광시켰고, 2021년에는 운용자산 규모가 600억 달러에 달했다. 예상과 달리 테슬라와 ARKK가 하락하지 않자 마이클 버리는 2021년 3분기에 숏 포지션을 청산한 것으로 알려졌다.

2021년 여름 주가가 200달러 수준이었던 테슬라는 2021년 말 400달러로 크게 상승했다. 마이클 버리는 2022년에는 애플에 공매도를 걸었다. 워런 버핏과 반대로 투자한 셈인데, 주지하다시피 애플은 상승을 지속했다. 2023년 2분기에는 중국의 알리바바와 징둥닷컴이 과매도됐다며 매수에 나섰지만, 하락이 지속되자 8월에 포지션을 청산했다.

반면, 2분기 말부터는 미국 시장 자체를 부정적으로 보고 S&P와 나스닥 풋옵션에 무려 16억 달러(2조 원) 이상 베팅했다가, 9월 말에 청산한 것으로 알려졌다. 마이클 버리는 2023년 11월에는 반도체 ETF 풋옵션을 매수했는데, 반도체 지수는 이후 한 달 동안 10% 이상 상승했다. 주지하다시피 2023년 연말 미국 주식시장은 인플레이션 하락과 파월 의장의 비둘기파 선회로 S&P 4,700p를 넘어서는 강세장으로 마감됐다.

마이클 버리가 매크로 기반의 역발상 투자가라는 점에서, 그의 빅테크 공매도 투자는 실패할 가능성이 높았던 것이 아닐까? 물론 밸류에이션이 고평가됐다는 의견은 늘 제기돼 온 것이 사실이지만, 지난 10여 년 이상 빅테크들은 우려를 불식하고 지속적으로 성장하지 않았던가! 더구나 톱다운(top-down) 방식으로 접근하는 매크로 투자가나 자산배분 전문가들이 밸류에이션을 잣대로 공매도를 하는 것은 그만큼 실패할 가능성이 높을 것이다.

마이클 버리와 캐시 우드, 워런 버핏의 가장 큰 관점의 차이는 어디에 있을까? 그것은 결국 '기업의 혁신과 성장이라는 본질에 주목할 것인가?' 아니면 '주가와 밸류에이션이라는 결과에 집중할 것인가?'로 귀결될 것이다. 마이클 버리는 애플과 테슬라의 본질적 가치보다는 밸류에이션에 더 주목한 것으로 보인다. 그러나 좋은 것은 언제나 비싸다. 따라서 가장 혁신하는 기업은 비싼 것이 오히려 정상이다.

공매도의 대상은 비싼 회사가 아니라, 혁신하지 않는 회사나 혁신을 당하는 회사다. 구글의 혁신으로 야후가 몰락했고, 애플의 혁신으로 노키아, 블랙베리, 코닥이 사라졌으며, 테슬라의 프리몬트 공장은 GM과 도시바의 공장을 사들인 것이다. 테슬라의 자율주행을 넘어서는 새로운 기술이 개발됐다면, 아마도 마이클 버리의 공매도는 성공했을 것이다.

혁신을 지속해 온 기업, 애플의 시가총액은 2023년 말 3조 달러를 넘어섰다. 1977년 애플II를 출시하며 퍼스널 컴퓨터(PC)의 시대를 열었던 애플은, 30년 후 2007년 아이폰을 발명하며 스마트폰의 시대를 열었다. 2024년 2월 현재, 엔비디아는 시가총액 2조 달러 시대를 열고 있다. 2000년 초반 그래픽카드를 잘 만들던 회사는, GPU의 세상을 열고 AI 슈퍼컴퓨팅 시대의 선두에 서 있는 것이다. 테슬라는 2012년 모델S를 출시하며 전기차 시장을 열었고, 자율주행을 넘어 AI 로보틱스의 세상을 열고 있다. 2023년 마이크로소프트는 AI 검색 시대의 선두에 서서, 검색엔진의 시대를 열었던 구글에 설욕하고 있다. 새로운 세상을 열며 성장하는 회사들은 늘 비싸다는 의견들이 있어왔다. 그러나 중요한 것은 밸류에이션이 아니라, 혁신을 지속하느냐다. 엔비디아가 혁신을 지속하는데도 비싸다고 파는 것은, 10여 년 전 애플이 비싸다고 팔아버린 것과 다름없다!

기하급수적인 성장성에 주목한다

살림 이스마일(Salim Ismail)[1]과 마이클 말론(Michael Malone)의 역작《기하급수 시대가 온다》에는 이런 내용이 나온다.

"1995년에는 수천 개의 사진관에서 7억 1,000만 통의 필름이 현상되었다. 2005년에는 80억 통의 필름과 맞먹는 2,000억 개의 디지털 사진이 촬영되고 편집되고, 저장되고 전시되었다. 디지털 사진은 수년 전만 해도 상상하지 못했을 여러 방식을 이용했다. 지금 웹 이용자들은 '하루에' 거의 10억 개에 가까운 사진을 스냅챗이나 페이스북, 인스타그램 같은 사이트에 업로드한다. 오늘날 여러 가지 핵심 기술들이 아날로그에서 디지털로 이행하고 있고, 그것들이 서로 교차하면 승수 효과를 일으킬 것이다. 한 업종, 한 업종 이렇게 '가상현실화'되는 과정은 단순히 기하급수적으로 진행되는 것이 아니라, 그보다 몇 배 더 빠르게 일어난다."

살림 이스마일의 책이 쓰인 2014년보다 전 세계 모바일·인터넷 트래픽은 얼마나 더 빠른 속도로 늘어났을까? 2023년 초 BofA(Bank of America)의 보고서 〈나, 나 자신, AI 입문(Me, Myself, AI Primer)〉[2]에 따르면, 2013년부터 2022년까지 인스타그램의 데이터는 1,733% 늘어났으며, 유튜브는 1,150% 증가했고, 트위터는 247% 증가로 3위에 랭크되어 있다. 오늘날 전 세계에서 하루에 250만 조 바이트의 데이터가 생성되고 있으며, 2~3년에 2배씩 늘어나고 있다. 글로벌 데이터 분석 기관인 비주얼캐피털리스트(Visual Capitalist)가 집계한 전 세계적으로

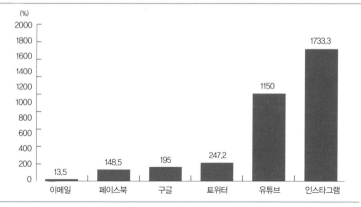

〈그림 E-1〉 2013년 이후 소셜미디어 트래픽의 기하급수적 성장세

자료: BofA 글로벌 리서치

가장 많이 방문하는 웹사이트 1위는 구글로 월 851억 회이며, 2위는
유튜브로 330억 회, 3위는 페이스북으로 178억 회로 집계되고 있다.
일론 머스크가 인수한 트위터가 여전히 높은 순위에 랭크되어 있다.

실리콘밸리에서 수많은 하이테크 기업을 설립했던 피터 디아만디
스(Peter Diamandis)[3]와 스티븐 코틀러(Steven Kotler)의 역작 《볼드》에는
이런 구절이 나온다.

"인스타그램과 마찬가지로 삶을 공유하고 기록하는 비즈니스를
하고 있던 페이스북은 앞날을 헤아려보았다. 인스타그램은 기하급수
적 성장을 거듭하고 있었다. 이용자 수는 3,000만 명에 가까웠고, 그
저 그런 사진 공유 서비스 중 하나가 아니라 모두들 아는 '그' 사진
공유 서비스가 되어 있었다. 강력한 소셜 네트워크였다. 페이스북은
경쟁하고 싶지도, 따라 잡으려고 버둥거리고 싶지도 않았다. 그래서
코닥이 파산한 지 석 달이 되던 2012년 4월에 페이스북은 직원 13명

AI 투자 전쟁

의 인스타그램을 10억 달러에 사들였다.”

역사적으로 새로운 혁신적 기술의 탄생, 그리고 기하급수적인 성장성과 비즈니스 확장성은 주식시장에서도 초장기적인 성장세를 이끌어냈다. 메리츠증권에서 전략을 담당하는 이진우 연구위원의 2021년 리포트에 따르면, 과거 100년을 돌이켜보았을 때 기술혁신에 따른 구조적 강세장은 주가 상승의 기간과 강도 면에서 순환적인 상승장을 크게 추월한 것으로 나타난다. 기술(디바이스) 혁신에 따른 강세장은 평균 6.4년간 이어졌으며, 기술혁신과 인프라 투자가 결합된 강세장은 평균 9.1년 동안 지속됐다. 나아가 혁신을 넘어서는 혁명적인 변화, 예를 들면 1900년대 초반의 운송(자동차) 혁명과 1900년대 후반의 PC·인터넷 혁명은 30년이라는 초장기 강세장을 이끌어낸 바 있다.

21세기 현재 우리 시대의 가장 큰 혁신은 무엇이고, 실제로 우리의 삶에는 어떤 변화들이 일어나고 있는가? 2009년 이후 우리는 아이폰의 출현과 함께 모바일 혁신의 시대를 살고 있다. 모바일 비즈니스는 전자상거래, SNS 등으로 확장되며 폭발적인 트래픽의 성장으로 연결됐으며, 이제 스마트폰 없이는 단 하루도 살기 어려운 상황이 됐다. 과연 이것이 끝일까? 우리의 삶에 찾아올 변화들은 이제 더 이상 없는 것일까?

아마 그렇지 않을 것이다. 이제 막 본격화되기 시작한 AI, 자율주행(로보택시 서비스), 로보틱스, 메타버스, 블록체인 등은 또 다른 트래픽의 급성장으로 이어질 가능성이 높아졌다. 지나간 100년의 혁신적

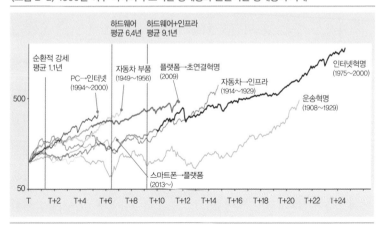

〈그림 E-2〉 1900년 이후 미국의 구조적인 강세장과 순환적인 강세장의 사례

* S&P500 지수 기준. 단, 운송혁명 사이클은 S&P500 지수 기점이 1925년이기 때문에 다우존스산업평균지수
  (1896~) 사용. '순환적 강세'는 박스권 장세 속 상승기, 정책의 영향, 금융위기, 전쟁 등 외부적 충격 이후 상승
  기로 선정
  운송혁명의 기점은 GM이 다우존스산업평균지수에 편입된 1908년이며, 종점은 자동차 침투율 50%에 대공황
  이 발생한 1929년이다. 인터넷 혁명의 기점은 1975년 IBM 컴퓨터가 개발된 1975년이며, 종점은 IT 버블이 일어난
  2000년이다. 플랫폼→초연결 혁명의 기점은 2009년(아이폰 개발은 2007년이나 금융위기 충격 배제)
  자동차→인프라는 도로 건설 증가세 변곡점이 기점이며, 자동차→자동차 부품은 고급 차량 부품 침투율 10%
  가 기점이고, PC→인터넷은 마이크로소프트 S&P500 지수 편입이 기점이다. 그리고 스마트폰→플랫폼은 페
  이스북의 S&P500 지수 편입이 기점이다
자료: Cowless Commission for Research in Economics, CRSP, Refinitiv, 메리츠증권 리서치센터

인 변화들과 그에 따른 주가 상승의 사례들을 살펴보았을 때, 우리는
30년 초장기 성장 사이클의 1/2 지점을 통과하고 있는지도 모른다.

장기적인 미래 기술 전망

아크인베스트먼트는 매년 〈빅 아이디어〉라는 전망 리포트를 발간
한다. 2024년 주목할 혁신적인 성장 기술로 기술융합(Technological
Convergence), 인공지능, 비트코인, 스마트계약, 로보틱스, 로보택시,

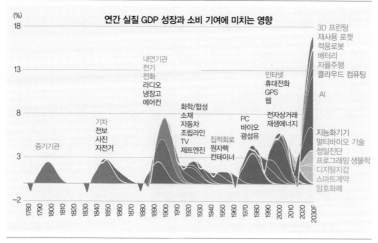

자료: 아크인베스트먼트

자율주행 로지스틱스 등을 꼽고 있다. 2023년 전망과 유사하게 기술융합을 중요한 흐름으로 보고 있는데, 인공지능과 블록체인, 로보틱스, 에너지 저장 등의 혁신 플랫폼들이 연결되고 있다는 관점이다. 특히 최근 AI 기술의 빠른 발전이 이러한 기술융합에 있어서 가장 중요한 촉매제이며, 이를 통해 역사적인 기술 발전을 가져오고 있다고 전망했다.

한편, 2023년 리포트에서 아크인베스트는 비트코인에 대해 긍정적인 전망을 제시했었다. 2021년 연말부터 시작된 비트코인의 하락세가 역사적으로 다섯 번째로 길게 지속됐으나 주식, 채권, 금 등 대부분의 전통적인 금융자산들을 아웃퍼폼(Outperform, 특정 주식의 상승률이 시장 평균보다 더 클 것이라 예측하기 때문에 해당 주식을 매입하라는 의견)하는 등 비트코인의 펀더멘털이 과거 하락 구간에서보다 훨씬 견조해졌다는 것이다. 또한 블랙록, 피델리티 등 주요 기관투자가들이 비트코인 시장에 진입하여, 향후 비트코인이 ETF 등 대규모 자산시장에 편입될 가능성을 제시했다.

2024년 전망에서는 실리콘밸리, 퍼스트 리퍼블릭 등 지방은행 파산 구간에서 비트코인이 안전자산 역할을 했음을 강조하고, 주식, 채권, 커머더티 등 자산 배분 측면에서 위험조종수익률(Risk-Adjusted Return)을 극대화하는 데 중요한 역할을 할 수 있음을 강조했다.

2024년에 접어들며 실제로 비트코인은 미국에서 ETF가 승인되면서 기관투자가들의 비트코인 투자가 확대되고 있고, 비트코인 수량을 2,100만 개로 제한하는 반감기를 맞아 강세를 이어가고 있다.

〈그림 E-4〉 미국 지방은행이 파산하는 과정에서 안전자산 역할을 한 비트코인

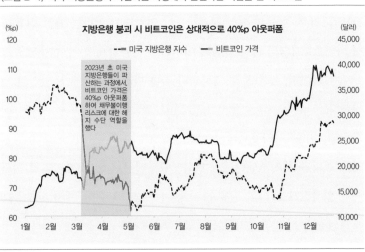

자료: 아크인베스트먼트, 〈블룸버그〉, 글래스노드

더 멀리 바라봐야 할 미래

세계적인 미래학자 케빈 켈리(Kevin Kelly)[4]는 그의 책《인에비터블, 미래의 정체》에서 특히 정보의 기하급수적인 성장에 주목했다.

"이 행성에서 가장 빨리 증가하는 양은 우리가 생성하는 정보량이다. 수십 년에 걸쳐 우리가 측정할 수 있는 그 어떤 것보다도 더 빨리 불어나고 있다. 해마다 수집되는 정보의 비율이 증가하는 이유는 그 정보에 관한 정보를 우리가 생산하기 때문이다. 이를 메타정보라고 한다. 우리가 포착하는 디지털 비트 하나하나는 우리에게 그것에 관한 비트를 생성하도록 자극한다."

"데이터 세계에서 모든 것은 무한을 향해 가고 있다. 아니, 적어도 천문학적인 양을 향해 간다. 우리는 약 20년 안에 요타바이트 규모에 이를 것이다. 나는 요타를 넘는 모든 것에 질리언(Zillion)이라는 용어를 쓰자고 제안한다. (중략) 앞으로 질리어닉스 규모에서 이루어질 새로운 데이터 배열로부터 행성 규모의 새로운 기계가 나올 것이다. 이 방대한 기계의 원자는 비트다. 원자가 분자로 배열되는 것처럼, 비트도 복잡한 구조로 배열될 수 있다. 복잡성의 수준을 높임으로써, 우리는 비트를 데이터에서 정보를 거쳐 지식 수준으로 고양시킨다. 비트는 연결되기를 원한다. 데이터의 비트는 더 많은 관계를 맺을수록 더욱 강력해진다."

그는 정보의 기하급수적인 성장이 결국 새로운 시작으로 연결될 것으로 전망한다.

"지금으로부터 수천 년 뒤, 과거를 살펴보는 역사학자들은 세 번째 천년기가 시작되는 이 시기가 경이로운 시기였다고 여길 것이다. 이 행성의 거주자들이 서로 연결되어 아주 거대한 하나가 된 최초의 시기다. 나중에 이 거대한 것은 더욱더 거대해지지만, 당신과 나는 최초의 각성이 이루어지던 바로 그 시점에 살고 있다. 인류가 비활성 사물들에 작은 한 조각의 지능을 집어넣어서 활기를 띠게 하고, 그것을 엮어서 기계 지능들의 클라우드를 구축하고, 이어서 수십억 개에 이르는 지신들의 마음까지 하나의 초마음(Supermind)에 연결하기 시작한 것이 바로 이 시기였다. 이 수렴은 지금까지 지구에서 일어난 가장 크고 가장 복잡하고 가장 놀라운 사건이라고 받아들여질 것이다. (중략) 우리가 되어가고 있는 것의 규모는 이해한다는 것 자체가 어렵다. 그것은 우리가 만들어온 것 중 가장 크다."

케빈 캘리가 언급하는 미래의 새로운 시작이란 결국 '특이점'을 암시하고 있다. 천체물리학에서 특이점이란 블랙홀 안에 무한대의 밀도와 중력을 가진 하나의 점을 뜻한다. 세계적인 발명가이자 미래학자인 레이 커즈와일[5]은 2006년에 출간한 그의 명저 《특이점이 온다》에서 특이점을 미래에 기술이 인간을 초월하는 시점으로 해석하고, 그 시기를 2045년경으로 예측했다. 그의 미래 과학기술과 사회에 대한 전망은 지난 20년간 전 세계 미래학자와 엔지니어, 인문학자들에게 치열한 토론 주제가 돼왔다. 놀라운 것은 이미 수십 년 전에 예측한 그의 전망이 거의 대부분 맞아떨어지고 있다는 점이다. 커즈와일은 2013년에 구글 창업자 래리 페이지에게 자신이 만들려는 인공지능 회사에 투자할 생각이 있는지 물은 적이 있다. 그러자 래리 페이지는 구글에 모든 자원이 있으니 차라리 구글에 입사할 것을 제안했다. 커즈와일은 이를 흔쾌히 받아들였고, 여전히 구글에서 엔지니어 이사로 일하고 있다. 그는 2023년에 75세를 넘긴 고령이지만, 운동과 하루 100알의 영양제, 건강식 등으로 최대한 오래 살고자 노력하고 있다. 그 이유는 2045년이 그가 예측한 특이점의 시기인데, 그때는 분자나노 기술을 통해 인체의 장기와 조직의 재생이 가능할 것이라고 예측하고 있기 때문이다. 그가 영양제를 구입하기 위해 쓰는 비용은 무려 연간 10억 원에 달한다고 한다.

커즈와일이 2015년에 내놓았던 몇 가지 미래 예측을 연도별로 살펴보자. 실제로 많은 부분에서 그가 예측했던 기술들이 구현되었다는 점이 흥미롭다. 이는 근거 없는 예언이 아니라, 새로운 기술의 발전 과정을 이해하고, 이를 바탕으로 10년 후, 20년 후에 전개될 혁신을 전망한 것으로 판단된다.

"2010년대 말 무렵에는 안경이 홍채에 직접 이미지를 투사하게 될 것이다."

"10TB에 달하는 컴퓨팅 능력(인간 두뇌와 유사)은 1,000달러 정도의 가격이 될 것이다."

"2020년대에는 나노봇이 현재의 의료기술보다 훨씬 더 발전하여 대부분의 질병이 사라질 것이다.""일반적인 인간의 식사는 나노 시스템으로 대체된다."

"튜링 테스트를 통과하는 컴퓨터가 등장하기 시작한다.""자율주행차가 도로를 점령할 것이며, 고속도로에서 인간이 운전하는 것은 금지될 것이다."

"2030년대애는 가상현실이 100% 진짜 현실처럼 느껴질 것이다. 2030년대 말에는 우리의 마음이나 의식을 업로드할 수 있을 것이다."

"2040년대에는 비생물학적 지성이 생물학적 지성(말하자면, 인간)을 10억 배가량 능가할 것이다." "나노봇 구름으로 음식을 비롯한 현실의 어떠한 물질이든 즉석에서 만들어낼 수 있을 것이다."

"2045년, 클라우드에 존재하는 합성 신피질에 인간 신피질을 무선으로 연결하여 지능을 10억 배 증폭시킬 수 있을 것이다." "특이점은 물질 세계에서 벌어질 현상이다. 우리로서는 피할 수 없는 진화의 다음 단계로서, 생물학적인 진화 및 인간이 이끌었던 기술 진화의 뒤를 이을 것이다."

머나먼 미래의 기술적 발전은 인간의 영역을 더 확장시키며, 인간이 기계를 바라보는 시각, 과학과 기술과 문명을 바라보는 관점도 변화할 것으로 보인다. 레이 커즈와일은 이렇게 말한다.

"우리는 인간에게 의식이 있다고 가정한다. 반면 우리는 단순한 기계에는 의식이 없다고 가정한다. 우주론에서는 현재의 우주가 의식 있는 존재라기보다는 하나의 단순한 기계처럼 행동한다고 본다. 그런데 곧 우리 주변의 물질과 에너지는 인간-기계 문명의 지능, 지식, 창조성, 아름다움, 감성지능으로 포화될 것이다. 문명은 더욱 먼 우주로 뻗어나가 마주치는 모든 물질과 에너지를 더없이 지적인, 초월적인 물질과 에너지로 바꾸어놓을 것이다. 특이점의 시대가 오면 온 우주가 영혼으로 포화될 것이라고도 말할 수 있다."

이 책을 통해 지난 10여 년간의 글로벌 AI 기술의 태동과 성장을 살펴보고 전망해 보았다. 물론 지식과 경험이 부족하여 더 살펴보지 못한 많은 부분들이 있겠지만, PC와 모바일 컴퓨팅을 만든 애플에 이어, 세상을 바꾸고 있다는 가슴 뛰는 느낌을 주었던 테슬라와 엔비디아 같은 글로벌 AI 기업들의 혁신을 정리해 보았다. 이들이 준비하고 있는 새로운 혁신과 투자는 앞으로 다가올 10년의 새로운 변화, 즉 AI를 기반으로 한 자율주행과 모빌리티의 혁신, 휴머노이드 등 로보틱스의 확산, 메타버스와 공간컴퓨팅의 혁신을 가져올 것이다.

이미 나스닥에 상장되어 있지만 본격적으로 상용화되기까지는 적어도 3~5년 이상 더 필요한 조비 등 AAM 기업들과 아이온큐 같은 양자컴퓨팅 기업들, 테스토렌트, 퓨리오사AI 등 비상장 AI 반도체 팹리스들도 주식시장에서 더 큰 가치를 인정받으며 성장해 나갈 것이다. 책을 집필하면서 정리하고 전망한 부분들이 다가올 미래에는 과연 어떻게 전개되고, 글로벌 주식시장에서는 이러한 혁신에 대해 얼마나 큰 가치를 부여할지 나 역시 궁금해진다.

책을 마무리 짓는 이 시점에도, 테슬라의 주가는 좌충우돌하는 일론 머스크 때문에 여전히 요동치고 있지만, 자율주행 기술의 확장성과 에너지 기업으로서의 가치, 그리고 향후 로보틱스에서의 혁신과 같은 근본적인 경쟁력과 미래 성장성에 좀 더 주목하고자 한다. 길게 보면 이제 비로소 시작이 아닌가!

끝까지 포기하지 않고 혁신적인 기술을 비즈니스로 구현해 내는 엔지니어들과 기업가들에게 찬사를 보낼 뿐이다.

또한 이 책을 계기로 더 많은 기업들과 교류하고, 그로 인한 새로운 투자의 기회들을 만나길 기대해 본다. 레이 커즈와일은 2024년 《특이점이 온다》의 후속편인 《특이점이 가까워진다(The Singularity is Nearer)》라는 책을 출간할 예정이라고 한다. 나 역시 10년 후 《AI 투자 전쟁》의 후속편을 집필하고 싶다. 10년 후 지금의 글로벌 AI 기업들은 과연 어떻게 될 것이며, 얼마나 또 새로운 혁신들이 우리를 기다릴 것인지 기대가 크다.

2023년 뜨거웠던 여름, 이 책을 집필하면서

삶의 여정들에 다 이유가 있음을 다시 한 번 깨닫게 됩니다.

모든 과정을 지켜봐준 사랑하는 아내와 가족들, 도움주신 모든 분들,

마지막으로 하나님께 감사드리며 이 책을 마칩니다.

프롤로그

1 James Manyika, Michael Chui, Mehdi Miremadi Jacques, Brussels
Katy George, Paul Willmott, "A FUTURE THAT WORKS: Automation,
Employment, and Productivity", McKinsey, 2017

CHAPTER 1

1 PCAST, "Report on Ensuring Long-Term U.S. Leadership in
Semiconductors", Jan 2017
2 문샷 프로젝트의 효시는 1962년 케네디 대통령이 선언한 '아폴로 계획'이다.
1957년 소비에트연방이 인공위성 스푸트니크 1호 발사에 성공하자 충격을 받은
미국은 1958년 미국 항공우주국(NASA)을 창설했고, 1969년 달 착륙에 성공했
다. 이후에도 DARPA와 구글 등은 달성 불가능한 목표 설정을 통해 수많은 과학
기술 성과를 달성하고 있다.
3 하인환, "보이는 손이 만들 미래", KB증권, 2022. 05
4 Board of Governors of the FRB, "Monetary Policy Report", June 2023
5 D1 칩은 22.6TFLPOS의 FP32 연산이 가능하다. FP(Floating Point) 32는 육면
체 입체 행렬 매트릭스로 16×32×32개의 병렬 연산이다. 육면체 행렬 매트릭스
의 한 면을 다시 입체적으로 적용한 것이 TF(Tensor Float)로 TF32는 FP32 대
비 10배 빠른 속도로 연산이 가능하다.
6 FLOPS(Floating-point Operating Per Second)는 컴퓨터의 연산 속도 단위로
1초당 부동소수점 연산 명령 수행 횟수를 의미한다. GFLOPS(Giga FLOPS)는

10억 회, TFLPS(Tera FLOPS)는 1조 회, EFLOP(Exa FLOPS)는 100경 회의 연산을 뜻한다.

CHAPTER 2

1 어텐션 모델은 문장에서 각 단어의 중요도에 따라 어텐션 정보를 할당하고, 이를 병렬 연산하는 과정에서는 디코더에서 결과 값(Value)을 내는 매 시점마다 입력 단인 인코더에 주어진 문장(Query)에서 가장 연관성(Key)이 높은 단어를 참고하는 방식이다.

2 2010년 미국 국립보건원(NIH)은 인간 커넥톰 프로젝트(The Human Connectome Project, HCP)에 4,000만 달러를 투자하며 본격적으로 관련 연구가 시작됐다. 당시 프린스턴대학교에서 뇌과학을 연구하던 승현준 교수가 TED에서 〈나는 나의 커넥톰이다(I am My Connectome)〉라는 강연을 하며 커넥톰의 개념이 널리 알려졌다. 그는 현재 삼성리서치 사장으로 일하고 있다.

3 김충현, 〈글로벌 의료 AI 동향: 진단에서 신약 개발까지〉, 미래에셋증권, 2023. 06

4 Tae Jin Yun, Jin Wook Choi, Miran Han, Woo Sang Jung, Seung Hong Choi, Roh-Eul Yoo, In Pyeong Hwang, "Deep learning based automatic detection algorithm for acute intracranial haemorrhage: a pivotal randomized clinical trial", Nature Partners Journals, April 2023

5 In Taw Moon, Sun-Hwa Kim, Jung Yeon Chin, Sung Hun Park, Chang-Hwan Yoon, Tae-Jin Youn, In-Ho Chae, Si-Hyuck Kang, "Accuracy of Artificial Intelligence?Based Automated Quantitative Coronary Angiography Compared to Intravascular Ultrasound: Retrospective Cohort Study", JMIR CARDIO, April 2023

6 Kyukwang Kim, Mooyoung Kim, Andrew J. Lee, Young-Joon Kim, Taw-You Kim, Inkyung Jung, "Spatial and clonality-resolved 3D cancer genome alterations reveal enhancer-hijacking as a potential prognostic market for colorectal cancer", Cell Report, July 2023

CHAPTER 3

1 자이로 센서는 물체의 회전각과 기울기 등을 측정하며, 가속도 센서는 물체의 가속도와 충격의 세기를 측정한다. 자이로 센서는 드론, 가상현실(VR), 모빌리티,

웨어러블 기기 등에 사용된다.

CHAPTER 4

1 인피니밴드는 HP, IBM이 개발한 Future I/O와 인텔, 마이크로소프트 등이 개발한 Next Generation I/O 기술 기반으로 개발된 컴퓨터 클러스터 간 연결 기술이다. 입출력 포트들이 직물처럼 연결되는 구조 때문에 네트워킹 패브릭(Networking Fabric) 혹은 스위칭 패브릭(Switching Fabric)으로 불린다. 높은 대역폭, 낮은 지연, 높은 신뢰성으로 HPC(High Performance Computing)에서 고속 연결을 구현했다. 10Gb/s의 SDR에서 DDR, QDR, HDR 등의 형태로 발전하고 있으며, 최대 800Gb/s까지 전송한다.

CHAPTER 5

1 MIT Technology Review, SIEMENS, "*The emergent industrial metaverse*", 2023

2 Dong-Chel Shin, Byungsoo Kim, Heesuk Jang, Young-Jin Kim, Seung-Woo Kim, "Photonic comb-rooted synthesis of ultra-stable terahertz frequencies", Nature communications, 2023.2.3

3 이재광, "파리에서 만난 AAM의 미래", NH투자증권, 2023.07

4 R.P. Feynman, "Simulating Physics with Computers", International Journal of Theoretical Physics, 1982

5 David Deutsch, "Quantum theory, the Church-Turing principle and the universal quantum computer", Proceedings of the Royal Society of London, Series A, Mathematical and Physical Sciences,1985

6 Frank Arute, Kunal Arya, Ryan Babbush, Dave Bacon, Joseph C. Bardin, Rami Barends, Sergio Boixo, Fernando G. S. L. Brandao, David A Buell, Hartmut Neven & John M. Martinis, "Quantum supremacy using a programmable superconducting processor", Nature, Sept. 2019

7 Youngseok Kim, Andrew Eddins, Sajant Anand, Ken Xuan Wei, Ewout van den Berg, Sami Rosenblatt, Hasan Nayfeh, Yantao Wu, Michael Zaletel, Kristan Temme & Abhinav Kandala, "Evidence for the utility of quantum computing before fault tolerance", Nature, April 2023

에필로그

1   살림 이스마엘은 싱귤래리티대학교의 초대 상임이사다. 야후의 부사장으로 있었으며, 앙스트로(Anstro)를 창업하여 2010년 구글에 매각하고, 펍섭콘텐츠 (PubSub Contents) 등 많은 소프트웨어 회사들을 만들었다.

2   Halm Israel, Martyn Briggs, Fellx Tran, Kate Pavlovich, "Thematic Investing: Me, Myself, and AI Artificial Intelligence Primer", Bank of America Securities, Feb 2023

3   피터 디아만디스는 혁신기업가로 15개 이상의 하이테크 기업을 설립했다. MIT 에서 분자유전학과 항공우주공학을 전공하고, 하버드대학교에서 의학박사 학위를 받았다. 현재 엑스프라이즈재단의 회장 겸 CEO로 있으며, 구글과 NASA가 후원하는 싱귤래리티대학교 학장으로 있다. 지구 밖 소행성에서 희귀 광물을 채굴하는 플래니터리리소시스(Planetary Resources)의 공동 회장이고, 인간 DNA를 분석하여 맞춤 치료법을 제공하는 휴먼롱제비티(Human Longevity)의 공동 설립자다.

4   케빈 켈리는 세계적인 과학기술문화 전문잡지인 〈와이어드〉의 공동 창간인으로 7년간 편집장으로 일했다. 과학기술에 대한 그의 통찰력 있는 글은 〈타임〉, 〈이코노미스트〉 〈뉴욕타임즈〉 〈사이언스〉 등에 발표되었으며, 저서로는 《디지털 경제를 지배하는 10가지 법칙》, 《기술의 충격》, 《통제 불능》 등이 있다.

5   레이 커즈와일은 발명가이자 사상가, 미래학자다. 광학문자 인식(OCR), 음성 인식 기술, 이미지 스캐너, 전자키보드 악기 등을 발명했다. 미국 발명가 명예의 전당에 등재되어 있으며, 미국기술훈장, 레멜슨-MIT상, 13개의 명예박사 학위와 세 명의 미국 대통령으로부터 상을 받았다. MIT에서 컴퓨터공학을 전공했고, 커즈와일 컴퓨터 프로덕트를 창업하고, 커즈와일 테크놀로지 회장을 지냈다. 저서로는 세계적인 베스트셀러 《특이점이 온다》, 《마음의 탄생》 등이 있다.

반도체, AI, 로보틱스 시대, 누가 승자가 될 것인가

AI 투자 전쟁

제1판 1쇄 발행 | 2024년 3월 29일
제1판 2쇄 발행 | 2024년 4월 23일

지은이 | 송종호
펴낸이 | 김수언
펴낸곳 | 한국경제신문 한경BP
책임편집 | 박혜정
교정교열 | 김문숙
저작권 | 박정현
홍 보 | 서은실·이여진·박도현
마케팅 | 김규형·정우연
디자인 | 권석중
본문디자인 | 디자인 현

주 소 | 서울특별시 중구 청파로 463
기획출판팀 | 02-3604-590, 584
영업마케팅팀 | 02-3604-595, 562   FAX | 02-3604-599
H | http://bp.hankyung.com   E | bp@hankyung.com
F | www.facebook.com/hankyungbp
등 록 | 제 2-315(1967. 5. 15)

ISBN 978-89-475-4947-9 03320